Estudio Sobre Educación Cristiana

Las Experiencias Educativas Anteriores al Clamor de Medianoche

Comparadas con

Las Experiencias Educativas Antes del Fuerte Clamor

Por E. A. Sutherland

"Ahora, como nunca antes,
necesitamos entender
la verdadera ciencia de la educación.
Si dejamos de entender esto,
nunca tendremos un lugar en el reino de Dios".
(Elena White, Mente,
carácter y Personalidad, p.53. 1897)

Traducido por:
Pr. Ruben Molina Ossers
UPA Visión
Director Ejecutivo
ruben@upavision.com
www.upavision.com

CONTENIDO

COMIENZOS DE LA HISTORIA EDUCATIVA EN LOS ESTADOS UNIDOS

TRIUNFA ESA IGLESIA que rompe el yugo de la educación mundana, y que desarrolla y practica los principios de la educación cristiana.

"Ahora, como nunca antes, necesitamos entender la verdadera ciencia de la educación. Si dejamos de entender esto, nunca tendremos un lugar en el reino de Dios". (Elena White, *Mente, carácter y Personalidad*, p.53. 1897) "La ciencia de la verdadera educación es la verdad. El mensaje del tercer ángel es verdad" (JT2. Pág. 412). Se sobreentiende que todo Adventista del Séptimo Día cree que la educación cristiana y el mensaje del tercer ángel son la misma verdad. Las dos son tan inseparables como lo son las raíces, el tronco y las ramas de un árbol.

El objetivo de estos estudios es ofrecer una mejor comprensión de la causa de la decadencia y la caída moral de las denominaciones protestantes durante el período del Clamor de Medianoche en 1844, y para ayudarnos como Adventistas del Séptimo-Día a evitar sus errores mientras nosotros nos aproximamos al Fuerte Clamor, que pronto se deberá dar al mundo.

UN BREVE ESTUDIO de la historia de las denominaciones protestantes muestra que su caída espiritual en 1844 fue el resultado de su falla en no "entender la verdadera ciencia de la educación". Su falla de no entender y practicar la educación cristiana, los descalificó para proclamar al mundo el mensaje de la segunda venida de Cristo. La denominación Adventista del Séptimo-Día fue entonces llamada a la existencia para tomar la obra que las iglesias populares habían fallado en entrenar a sus misioneros a hacer. Las denominaciones protestantes no pudieron dar el mensaje del tercer ángel, un movimiento de reforma, el cual es una advertencia contra la bestia y su imagen, porque todavía estaban apegándose a aquellas doctrinas y aquellos principios de educación que en sí mismos conforman la bestia y su imagen. Es importante que los jóvenes Adventistas del Séptimo-Día estudien seriamente las causas de la decadencia espiritual de estas iglesias en 1844, no sea que repitamos su historia, y seamos desechados por el espíritu de Dios, y así perder nuestro lugar en el Reino. Si los Adventistas del Séptimo-Día triunfan donde ellos fracasaron, debemos tener un sistema educativo que repudie aquellos principios que en sí mismo desarrollan la bestia y su imagen. "Y estas cosas les acontecieron como ejemplo y están escritas para amonestarnos a nosotros, a quienes han alcanzado los fines de los siglos" (1 Cor. 10:11).

EL PROTESTANTISMO, nacido en el siglo dieciséis, estaba casi perdiendo su luz en Europa. Entonces Dios les preparó una nueva tierra, la futura nación de Estados Unidos, como una cuna para la protección y el desarrollo de aquellos principios, y desde este país debe ir adelante el mensaje final mundial que anuncia el retorno del Salvador.

"El deseo de tener libertad de conciencia fue lo que dio valor a los peregrinos para exponerse a los peligros de un viaje a través del mar, para soportar las privaciones y riesgos de las soledades selváticas y con la ayuda de Dios echar los cimientos de una gran nación en las playas de América... La Biblia era considerada como la base de la fe, la fuente de sabiduría y la carta magna de la libertad. Sus principios eran cuidadosamente enseñados en los hogares, en las escuelas y en las iglesias; y sus frutos se hicieron manifiestos, en lo que se ganó en inteligencia, en pureza y en templanza.... quedaba demostrado que los principios de la Biblia son los más eficaces salvaguardias de la grandeza nacional". Elena White, *El Conflicto de los Siglos*, pág. 336, 341.

ESTOS REFORMADORES, al llegar a América, renunciaron a las doctrinas papales en la iglesia y el estado, pero retuvieron el sistema Papal de educación. "A la vez que los reformadores rechazaban el credo de Roma, no estaban ellos mismos libres por completo del espíritu de intolerancia de ella" (White, *Conflicto de los Siglos*, 337). "No obstante haber renunciado al romanismo, los reformadores ingleses conservaron muchas de sus formas". Algunos "Las consideraban como símbolos de la esclavitud de que habían sido libertados y a la cual no tenían ganas de volver... Muchos deseaban ardientemente volver a la pureza y sencillez que caracterizaba a la iglesia primitiva. .. Inglaterra había dejado de ser lugar habitable...Algunos decidieron refugiarse en Holanda. A fin de lograrlo tuvieron que sufrir pérdidas, cárceles y mil dificultades... En su fuga habían tenido que abandonar sus casas, sus bienes y sus medios de subsistencia... Pero no obstante se acomodaron animosamente a la situación y no perdieron tiempo en la ociosidad ni en quejas inútiles. . .Comprenderían que eran peregrinos...Aunque vivían en el destierro y en medio de contratiempos, crecían su amor y su fe; confiaban en las promesas del Señor, el cual no los olvida en el tiempo de la prueba. Sus ángeles estaban a su derredor para animarlos y sostenerlos. Y cuando les pareció ver la mano de Dios señalándoles hacia más allá del mar una tierra en donde podrían fundar un estado, y dejar a sus hijos el precioso legado de la libertad religiosa, avanzaron sin miedo por el camino que la Providencia les indicaba... En cuanto se vieron obligados a separarse de la iglesia Anglicana, los puritanos se unieron en solemne pacto *como pueblo libre del señor* para 'andar juntos en todos sus caminos que les había hecho conocer, o en los que él les notificase'. *En esto se manifestaba el verdadero espíritu de la Reforma, el principio esencial del protestantismo*". (*Conflicto de los Siglos*, 333-335).

EL SISTEMA EDUCATIVO de la iglesia, que los había echado de su tierra nativa, fue uno de los errores más serios de los cuales los puritanos fallaron en apartarse. Este sistema de educación mientras que era Papal en espíritu, era, en cierto grado, protestante en su forma. El historiador escribe de las escuelas de los puritanos en el nuevo mundo, que sus cursos estaban "acomodados al currículo contemporáneo de la Universidad. Ellos enseñaban mucho latín y griego, un extenso curso en matemáticas y eran fuertes por lo regular en el área de las humanidades... Esto era un modelo tomado de Rugby, Eton, y otras escuelas inglesas notables". Otra vez leemos, "Las raíces de este sistema se hallaban profundizadas en el gran sistema eclesiástico". "Desde su entrenamiento inicial", Dunster, uno de los primeros presidentes de Harvard, "ampliamente diseñó el curso de Harvard según el modelo de las Universidades Inglesas". Copiaron tan fielmente el modelo inglés —Cambridge University— que se los llamó por el mismo nombre, y el historiador escribió de Harvard, "en varios casos los jóvenes en la madre patria eran enviados a la *Cambridge Americana* a finalizar su educación". Bonne, disertando acerca de los cursos de estudio de la Universidad William y Mary antes de la revolución, dice: "todas eran de modelo británico". Y de la Universidad de Yale, que comenzó más tarde, se dice: "las reglas en su mayor parte eran las mismas de Harvard, como también lo eran sus cursos de estudios". La más joven copió de la más vieja. Es muy natural que la Universidad de Yale se estableciera según el sistema papal inglés, porque su fundador, Elihu Yale, había pasado veinte años en las escuelas inglesas. "Veinte años pasó en las escuelas y en estudio especial" (Bonne, Pág. 24-40).

Los Adventistas del Séptimo-Día no deberían permitir que este hecho escape de su atención: las tres escuelas principales de las colonias inglesas fueron establecidas por hombres que habían huido de las doctrinas Papales del viejo mundo; pero estos educadores, a causa de su preparación en estas escuelas Papales y a su ignorancia de la relación entre la educación y la religión, formaron inconscientemente sus instituciones según el sistema educativo de la iglesia de las cuales se habían retirado. Es sorprendente que estos Reformadores Ingleses, después de sacrificarse como lo hicieron por una causa digna, permitieran que un sistema de educación, tan inadecuado para todos sus propósitos, fuera en realidad la nodriza de sus niños, de cuyos pechos estos niños sacaban sus alimentos. No se daban cuenta que el carácter y la experiencia cristiana de estos niños dependía de la naturaleza del alimento recibido. Si hubieran entendido la relación de la educación de los niños a la experiencia del mismo individuo en la iglesia, no hubieran adoptado este sistema de educación Papal, sino que lo habrían arrojado en conjunto como demasiado peligroso para ser tolerado dentro de los límites del protestantismo.

ALGUNOS DATOS de la historia educativa aclararán la declaración de que el sistema de educación en las universidades de Oxford, Cambridge, Eton y Rugby era papal y que los reformadores de la Nueva Inglaterra, amoldando sus escuelas a la imagen de estos patrones, estaban sembrando el sistema de educación Papal en América. Laurie dice: "Oxford y Cambridge se amoldaron mayormente según París. Un gran número de maestros y sus alumnos dejaron París... De esta manera la porción inglesa de la Universidad (de París) fueron a Oxford y a Cambridge". La relación de la Universidad de París, la madre de Cambridge y de Oxford, con el papado se expresa de la siguiente manera: "Era debido a que esta era el centro de la enseñanza teológica que recibía tantos privilegios del Papa, y fue mantenida en relación estrecha con la cede papal" (Laurie, pp.153,162,242).

LUTERO Y MELANCHTON, los grandes reformadores del siglo dieciséis, entendieron claramente que era imposible tener una reforma religiosa permanente sin educación cristiana. Así que no solamente dieron atención a las doctrinas del papado, sino que también desarrollaron un sistema fuerte de escuelas cristianas. Melanchton decía: "Descuidar a los jóvenes en nuestras escuelas es simplemente como sacarle la primavera al año. Quienes permitan que las escuelas decaigan sacan verdaderamente la primavera del año, porque la religión no se puede mantener sin ellas". "Melanchton dirigía firmemente sus esfuerzos al avance de la educación y a la edificación de buenas escuelas cristianas...En la primavera de 1525, con la ayuda de Lutero, reorganizó las escuelas de Eisleben y de Magdeburg". El declaró "La causa de la verdadera educación es la causa de Dios" (Melanchthon, p.81).

"En 1528 Melanchton redactó el 'Plan para las escuelas Sajonas,' que sirvió como la base de organización para muchas escuelas por toda Alemania". Este plan tenía que ver con el asunto de un "sin número de estudios que no sólo eran infructuosos sino incluso perniciosos... El maestro no deberían cargar a los niños con demasiados libros". (Painter, p. 152). Estos reformadores se dieron cuenta que la fuerza de la iglesia papal descansaba en su sistema educativo, y le infligieron un golpe triturador a este sistema e hiriéndolo, trajeron a la iglesia papal a sus rodillas. Los reformadores establecieron un sistema de escuelas cristianas que hacían de los niños verdaderos protestantes. Esta maravillosa revolución en educación y religión fue realizada en una generación, en el breve espacio de la vida de un hombre.

Para dar una idea del poder de aquel gran movimiento educacional cristiano, el historiador, hablando de varios países Europeos dice: "La nobleza de ese país estudió en Wittenberg — todas las universidades del país se llenaron de protestantes... no más de la tercera parte de la población siguió siendo católica...ellos apartaron también a sus hijos de las escuelas católicas. Los habitantes de Maniz no vacilaron en enviar sus niños a las escuelas protestantes. Las ideas protestantes extendieron sus energías vivificantes hasta los rincones más remotos y olvidados de Europa. Qué dominio tan inmenso habían conquistado dentro del espacio de cuarenta años...... Veinte años habían transcurrido en Viena desde que sólo un estudiante había tomado la orden sacerdotal de la Universidad... Durante este período los maestros en Alemania eran todos, casi sin excepciones, protestantes. Todo la gente de la generación naciente se sentó a sus pies y absorbió un odio al papa con los primeros rudimentos del aprendizaje". (Von Ranke, P. 135).

Después de la muerte de Lutero y Melanchton, los teólogos, en cuyas manos cayó la obra de la reforma, en lugar de multiplicar las escuelas cristianas, se enfrascaron en el mero tecnicismo de la teología, pasando por alto la obra más grande del siglo. Vendieron su primogenitura por un plato de lentejas. Cuando los sucesores de Lutero y Melanchton fallaron en continuar aquella obra constructiva que se centraba en la educación de los jóvenes, quienes serían los misioneros del futuro y los pilares de la iglesia, surgió una discordia interna. Gastaron su tiempo criticando los puntos de vista de algunos de sus colaboradores que diferían con ellos en algunos puntos teológicos sin importancia. De esta manera llegaron a ser destructores en lugar de ser constructores. Pusieron mucha atención a las doctrinas y gastaron la mayor parte de su energía preservando la ortodoxia. Cristalizaron sus doctrinas en un credo; dejaron de progresar, y perdieron el espíritu de la educación cristiana, que era el aceite de sus lámparas. El protestantismo se degeneró en una ortodoxia muerta y se fraccionaron en bandos opositores. La iglesia protestante, quedando así debilitada, no pudo resistir el poder portentoso de la educación papal rejuvenecida.

EL ÉXITO DE LOS REFORMADORES se había logrado gracias a su control de la gente joven a través de su sistema educativo. Las escuelas papales quedaron casi abandonadas durante la actividad de Lutero y Melanchton. Pero cuando estos reformadores murieron y sus sucesores se interesaron más en la teología abstracta que en la educación cristiana, y gastaron su tiempo, su energía y el dinero de la iglesia en predicar y escribir sobre teología abstracta, el sistema escolar papal, recuperándose, se levantó a una lucha de vida o muerte contra la iglesia protestante. El papado se dio cuenta que la existencia misma de la iglesia papal dependía de una victoria sobre las escuelas protestantes. Nos sorprende el talento y el tacto que los educadores papales usaron en su ataque, y de la rapidez con que ganaron la victoria. Esta experiencia debe ser una lección objetiva para los Adventistas del Séptimo-Día para siempre.

UNA ESCUELA CRISTIANA ANIMADA POR EL ESPÍRITU PAPAL. — Los ojos de los sucesores de Lutero y Melanchton estaban cegados. No entendieron "la verdadera ciencia de la educación". No vieron su importancia, ni entendieron la dependencia del carácter de la educación. "El verdadero propósito de la educación es restaurar la imagen de Dios en el alma" (Elena White, *Patriarcas y Profetas*, p. 645). Satanás le sacó ventaja a esta ceguera para hacer que algunos de sus propios educadores, como lobos vestidos de oveja, devoraran a los corderos. John Sturm fue el primero de estos lobos, quien era considerado ser un buen protestante por estos reformadores ciegos. Sturm introdujo prácticamente el sistema entero de educación papal en las escuelas protestantes de Estrasburgo. Y como él pretendía ser protestante, los sucesores de Lutero miraron con agrado su esquema educativo completo. Fue considerado por los así llamados reformadores como el más grande educador de la época, y su escuela llegó a ser tan popular entre protestantes que fue tomada como el modelo para las escuelas protestantes de Alemania, y su influencia se extendió a *Inglaterra*, y desde ahí hasta a *América*. "Nadie que esté familiarizado con la educación que se impartía hace cuarenta años en nuestras escuelas clásicas principales — Eton, Winchester, y Westminster —, puede dejar de ver que su currículum estaba formado en mayor parte de acuerdo al modelo de Sturm". El historiador dice que la ambición de Sturm era "reproducir a Grecia y a Roma en medio de la civilización Cristiana" (Panter, Pag. 163).

ESTE LOBO DOCENTE, vestido con lana cristiana, hizo un gran daño a los corderos del rebaño, e hizo posible la victoria papal. El más peligroso de todos los enemigos de una iglesia es una escuela propia, cristiana de profesión, con "algunos maestros y administradores, convertidos sólo a medias... que están acostumbrados a los métodos populares...que ceden en algunas cosas y hacen reformas a medias, prefiriendo trabajar de acuerdo a sus propias ideas" (*Joyas de los testimonios,* tomo 2, p. 419), quienes paso a paso, avanzan hacia una educación mundana, llevando consigo a los corderos inocentes. En el día del juicio será más fácil para aquel hombre que ha sido frío y enemigo a las claras de un movimiento de reforma que para aquel que profesa ser pastor de ovejas pero que ha sido un lobo vestido de oveja, quien engaña a los corderos hasta que son incapaces de salvarse así mismo. Este es el golpe magistral del diablo para echar abajo la obra de Dios en el mundo, y no existe una obra más difícil de contrarrestar. Ninguna otra forma del mal es denunciada tan fuertemente con las palabras. "Yo conozco tus obras, que ni eres frío ni caliente; ojalá fueses frío o caliente. Pero por cuanto eres tibio, y no frío ni caliente, te vomitaré de mi boca" (Apoc. 3:15,16).

LA ESCUELA DE STURM estaba a mitad de camino entre las escuelas cristianas de Lutero y Melanchton y las escuelas papales que lo rodeaban. Esta ofrecía una mezcla de literatura clásica, medieval con una rebanada delgada de las Escrituras, introducida para causar impresión, y condimentada con las doctrinas de la iglesia. Su plan de estudio no era práctico; sus métodos de instrucción era mecánico; se exaltaba el aprender las cosas de memoria; su gobierno era arbitrario y empírico. "Un conocimiento muerto de palabras tomó el lugar de un conocimiento vivo de las cosas... Los alumnos eran obligados a aprender, pero no fueron educados para oír y ver, para pensar y probar, y no fueron guiados a una independencia verdadera y a una perfección personal. Los maestros encontraban su función en enseñar el texto prescrito, no desarrollando armoniosamente el ser humano joven de acuerdo con las leyes de la naturaleza" (Painter, *History of Education*, p. 156). Macaulay, hablando de este sistema de educación, añade: "prometieron lo que no era práctico: rechazaron lo que era práctico. Llenaron el mundo con palabras largas y barbas largas, y lo dejaron tan ignorante y tan depravado como lo encontraron" (Macaulay Bacon, p. 379).

LAS ESCUELAS JESUITAS. — Este estudio debe dejar claro que los maestros protestantes debilitaron y descalificaron a las denominaciones protestantes para el ataque hecho por el papado a través del contra sistema de educación introducido por Loyola, fundador de la orden de los Jesuitas. Anterior a esto, la iglesia católica se dio cuenta de su debilidad para contrarrestar el gran movimiento del protestantismo, inaugurado por miles de misioneros entrenados en las escuelas cristianas de Lutero y Melanchton. El papado reconoció el punto vulnerable del protestantismo al notar el regreso de la Iglesia protestante a la ortodoxia muerta bajo el liderazgo deficiente de los sucesores de Lutero.

LA ORDEN DE LOS JESUITAS funda su misión especial en combatir la reforma. Eligió como blanco controlar la educación, como el medio más efectivo de detener los progresos del protestantismo. "Desarrolló una actividad educacional inmensa" en países protestantes, y ganó para sus escuelas una gran reputación..., paró el progreso de la reforma *más que ningún otro medio*, e incluso tuvo éxito en recuperar territorio que ya había sido conquistado por el protestantismo... trabajó principalmente a través de sus escuelas, de las cuales estableció y controló un gran número. Cada miembro de la orden llegaba a ser un maestro competente y práctico" (Painter, *History of Education*, p. 166).

LOS SIGUIENTES MÉTODOS de enseñanza son característicos de las escuelas jesuitas: "Se cultivaba *la memoria* como un medio de impedir la libre actividad del pensamiento y la Claridad de juicio". En el lugar de la autonomía [autogobierno] "sus métodos de disciplina eran un sistema de desconfianza mutua, espionaje, y de delatación recíproca. *La obediencia implícita* exoneraba a los alumnos de toda responsabilidad referente a la justificación moral de sus hechos" (Rosencranz, p. 270). "Los jesuitas hicieron uso abundante de *la competencia y la rivalidad*. El que sabía provocar la competencia o la rivalidad había encontrado el auxiliar más poderoso para su enseñanza. Nada sería más honorífico que dejar atrás a un compañero estudiante, y nada sería más deshonroso que ser superado o dejado atrás. Se distribuirían premios al mejor estudiante con la solemnidad más grande...Buscaba resultados ostentosos con los cuales deslumbrar al mundo; un desarrollo armonioso cabal no era nada... Los jesuitas no trataron de desarrollar todas las facultades de sus alumnos, sino tan solo las facultades reproductivas y receptivas". Cuando un estudiante "lograra hacer una exhibición brillante de los recursos de una memoria bien abastecida, había alcanzado el punto superior al que los jesuitas buscaban conducirlo". *La originalidad y la independencia de pensamiento, el amor a la verdad* por su propio mérito, el poder de reflexionar y formar juicios correctos no sólo eran negados, *eran suprimidos* en el sistema jesuita (Painter, P. 172)". "El sistema jesuita de educación tuvo un éxito rotundo, y por cerca de un siglo, todos los hombres destacados entre la cristiandad procedieron de las escuelas jesuitas" (Rosencranz, P. 272).

EL ÉXITO DE LAS ESCUELAS JESUITAS. — Acerca del éxito del sistema educacional jesuita en sobreponerse a los descuidados e indiferentes protestantes, leemos: "Se salieron con la suya". Opacaron las escuelas protestantes y como un parásito, les chuparon la vida... "Sus labores estaban por sobre todo dedicadas a las universidades. Los protestantes sacaron a sus hijos de las escuelas lejanas y los pusieron bajo el cuidado de los jesuitas. Los jesuitas ocuparon las sillas de los profesores...Conquistaron a los Alemanes en su propio terreno, en su misma casa, y le arrebataron una parte de su tierra natal" (Rosencranz, p. 272). Esta conquista continuó rápidamente por casi todos los países de Europa. Conquistaron a Inglaterra llevando a los jóvenes ingleses a Roma y educándolos en escuelas jesuitas, y enviándolos de regreso como misioneros y maestros a su tierra nativa. Y así se establecieron en las escuelas de Inglaterra. Los jesuitas invadieron también el Nuevo Mundo, quedando completamente establecidos, y han estado empleando aquí sus métodos característicos desde entonces. Aquí, como en otra parte, su único propósito es "obtener la dirección absoluta de la educación, para que al tener a los jóvenes en sus manos puedan moldearlo según su propio patrón" (Footprints of the jesuits, P.419).

"En el espacio de cincuenta años desde el día que Lutero quemó la Bula pontificia de Leo frente a la puerta de Wittenberg, el protestantismo ganó su más alto poder, un poder que pronto perdió, y que nunca ha recuperado" (Macaular's Von Ranke).

"¿Cómo fue que el protestantismo logró tanto, y no obstante no continuó?, ¿Cómo fue que la iglesia de Roma, luego de haber perdido una gran parte de Europa, no sólo dejó de perder, sino que en realidad recuperó cerca de la mitad de lo que había perdido? Ciertamente esta es una pregunta sumamente importante y curiosa". Ya hemos dado la respuesta, sin embargo Macaulay, quien conoció la parte jugada por las escuelas jesuitas fundada por Loyola, expresa muy bien la respuesta en estos términos: "Tal fue el célebre Ignacio Loyola, quien, en la gran reacción desempeñó la misma labor que

Lutero jugó en el gran movimiento protestante. Fue a los pies de ese jesuita que los jóvenes de las clases alta y media fueron criados desde la niñez hasta la hombría, desde los primeros rudimentos hasta los cursos de retórica y filosofía... La gran orden salió venciendo y para vencer... Su objetivo primordial era que ninguna persona fuera sacada del gremio de la iglesia".

LA PERSECUCIÓN DE LA HEREJÍA DERROTA LA CAUSA PROTESTANTE: — Macaulay expone la derrota del protestantismo y del éxito del papado en estos términos: "La guerra entre Lutero y el papa Leo fue una guerra entre la fe firme y la incredulidad; entre el celo y la apatía; entre la energía y la indolencia; entre la seriedad y la frivolidad; entre la moralidad pura y el vicio. Muy diferente fue la guerra que el protestantismo degenerado tuvo que emprender contra el catolicismo regenerado" hecha posible por el sistema educativo jesuita. "Los reformadores habían contraído algunas de las corrupciones que precisamente habían sido condenadas en la iglesia de Roma. Se habían vuelto tibios y mundanos. Sus grandes líderes de antaño habían sido llevados a la sepultura y no habían dejado sucesores... Por todas partes en el lado protestante vemos languidez; por doquier en el lado católico vemos ardor y devoción. Casi todo el celo de los protestantes se dirigía el uno contra el otro. Dentro de la *iglesia católica* no había serias disputas sobre puntos de doctrina... Por otra parte, el ejército que debía haber peleado la batalla de la reforma se gastó en conflicto civil".

EL PAPADO APRENDIÓ UNA AMARGA LECCIÓN EN EL TRATO CON LOS HEREJES. A PARTIR DE LA REFORMA CONSERVA SU FUERZA PONIÉNDOLOS A TRABAJAR.

Macaulay dice: "Roma entiende cabalmente lo que ninguna otra iglesia jamás ha entendido—cómo tratar con los fanáticos — La iglesia católica ni se somete al fanatismo ni lo prescribe, *sino que lo usa*... por consiguiente lo enrola (al fanático) en su servicio... para un hombre de esta mentalidad no hay lugar en el gremio del establecimiento (de las iglesias protestantes ortodoxas). Él no ha estado en ninguna Universidad;... y se le dice que si permanece en la comunión de la iglesia, debe hacerlo como un oyente, y que, si está resuelto a ser un maestro, debe comenzar siendo un cismático (un hereje). Pronto el cismático hace su elección; pronuncia un discurso inquietante en Tower Hill o en Smithfield. Una congregación es formada, y en pocas semanas la iglesia (protestante) ha perdido para siempre cien familias".

El papado fue más sabio que el protestantismo en su trato con aquellos que se volvían un tanto irregulares en sus puntos de vista. El papado gastaba poco tiempo con las dificultades de la iglesia. Dirigía los esfuerzos del cismático, en lugar de intentar obligarlos a salir de la iglesia. "Al fanático ignorante que la iglesia inglesa convertía... como un enemigo de lo más peligroso, la iglesia católica lo convertía en un campeón. El papado le pide que se deje crecer su barba, le cubre con una capucha y una sotana de un material ordinario y oscuro, le ata un cordel en su cintura, y lo envía a enseñar en nombre del papado. Él no le cuesta nada al papado. Él no toma dinero del clero regular. Vive de la limosna de aquellos que respetan su carácter espiritual y están agradecidos por sus instrucciones... Toda esta influencia se emplea para fortalecer la iglesia. . . De esta manera la iglesia de Roma une en sí misma toda la fuerza de la organización y toda la fuerza de oposición... Colocad a Ignacio Loyola en Oxford. Con toda seguridad que se convertiría en el cabecilla de una disidencia formidable. Colocad a John Wesley en Roma. Con toda seguridad se convertirá en el primer general de una nueva sociedad devota al interés y al honor de la iglesia". (Macaulay's Von Ranke).

La iglesia de Roma, desde su rejuvenecimiento, está literalmente viva con soldados resueltos, entusiastas, y celosos que no saben de otra cosa que vivir, gastarse, y morir por la iglesia. Está decidida a conquistar y a traer de vuelta las denominaciones protestantes humilladas, impotentes y completamente subyugadas. Tiene por todas partes, por medio de sus maestros jesuitas, editores, y oficiales públicos, hombres trabajando para amoldar el sentimiento público, para tomar las posiciones de control y de importancia en el gobierno, y sobre todo, obtener el control, por medio de sus maestros, de las mentes de los niños y jóvenes protestantes. Valora aquel inmortal principio, y hace uso de él, "Instruye al niño en su camino, y aún cuando fuere viejo no se apartará de él" (Proverbio 22:6). Permítanme educar a un niño hasta los doce años de edad, dicen los católicos, y permanecerá siendo un católico por siempre. Ahora podemos comprender mejor por qué aquellos reformadores ingleses no comprendieron el carácter y el peligro del sistema escolar en boga en Cambridge, Oxford, Eton, y Westminster, e inconscientemente plantaron este sistema de educación en la costa de su nueva tierra y en cada una de sus escuelas cristianas. Ignorantemente la fomentaron y la diseminaron, y sus sucesores, como los sucesores de Lutero y Melanchton, se infectaron tanto con el espíritu de Roma que para el 1844 las iglesias protestantes moralmente eran como su madre. (La Iglesia Católica).

Con esto hemos estado investigando el origen de las raíces que sostuvieron el árbol de la educación en los Estados Unidos. Mientras que Harvard, la primera escuela en nueva Inglaterra, al principio "era un poco más que una escuela de entrenamiento para ministros", y "La Biblia fue sistemáticamente estudiada", sin embargo queda claro para cualquier estudiante del plan de estudio de Harvard que, aparte de la enseñanza de la Biblia, su currículum fue diseñado de acuerdo a Eton, Rugby, y otras notables escuelas inglesas que estaban basadas todas en el sistema de Sturm. Yale, William, y Mary, y otras instituciones de los Estados Unidos fueron diseñadas según este mismo sistema. *He aquí la América Protestante entrenando a sus hijos en escuelas que fueron diseñadas de acuerdo a las escuelas papales de Sturm.*

EL SECRETO DEL RECHAZAMIENTO DE LAS DENOMINACIONES PROTESTANTES en 1844 está contenido en la historia educativa dada hace un momento. Vemos que, aun cuando persistían en la forma del protestantismo, su sistema educativo continuamente infundía la vida del papado en el estudiante. Esto produjo una forma de protestantismo imbuido con el espíritu papal. Esto significa, Babilonia. *¿No deben nuestros estudiantes cuestionar seriamente el carácter del sistema educativo bajo el cual están,* no sea que se encuentren en la compañía de aquellas cinco vírgenes fatuas que serán rechazadas en el tiempo del Fuerte Clamor, al igual que las grandes iglesias cristianas que fueron rechazadas en el tiempo del Clamor de Medianoche porque no lograron entender la "verdadera ciencia de la educación"? "No vinieron a la línea de la verdadera educación", y rechazaron el mensaje.

CIERTAS IDEAS DIVINAS DE REFORMA EN EL GOBIERNO CIVIL fueron recibidas de Dios por algunos hombres en este país (U.S.A.) durante los días de la herida del papado. Estos hombres se atrevieron a enseñar y practicar estas verdades. Fomentaron los verdaderos principios del gobierno civil a un punto tal que el mensaje del tercer ángel pudiera ser entregado bajo su amparo. Pero el sistema papal de educación, según era operado por las iglesias protestantes, fue una constante amenaza para esta reforma civil, porque las iglesias no se desprendieron del proceder clásico medieval de conceder títulos y honores sin los cuales es difícil que la aristocracia y el imperialismo prosperen en la iglesia o en el estado. Pero a pesar del fracaso de las iglesias de desprenderse de este sistema, los reformadores civiles repudiaron las coronas, los títulos, los honores y todo lo que habría perpetuado la aristocracia y el imperialismo Europeo. Las iglesias, a causa de que todavía se adherían al sistema educativo papal fueron las responsables, no sólo del espíritu papal dentro de sí mismas, sino también por el retorno del imperialismo ahora manifestado tan claramente por nuestro gobierno, y especialmente digno de atención su tendencia a la centralización como las federaciones, monopolios, y los sindicatos.

El año 1844 fue uno de los periodos más críticos en la historia de la iglesia desde los días de los apóstoles. La mano profética había estado señalando ese año por siglos. Todo el cielo estaba interesado en lo que estaba por acontecer. Los ángeles trabajaron con intenso interés por aquellos que decían ser seguidores de Cristo para prepararlos para que recibieran el mensaje que debía llegar al mundo de entonces. Pero la historia citada arriba muestra que las denominaciones protestantes persistieron en el sistema de educación que tomaron del papado, el cual completamente las descalificó tanto para recibir como para dar el mensaje. En consecuencia, les fue imposible preparar hombres para que lo proclamasen.

En el año 1844, el mundo se estaba aproximando al gran día de la expiación del santuario Celestial. Anterior a esta fecha, la historia registra un notable movimiento educativo cristiano y un reavivamiento religioso extraordinario. Las iglesias populares se estaban acercando rápidamente a su prueba crucial. Y Dios sabía que les era imposible que llevaran aceptablemente el mensaje final a menos que pudieran "venir a la línea de la verdadera educación". — A menos que tuvieran una clara comprensión de "la verdadera ciencia de la educación". Estas palabras eran aplicables a ellas: "Ahora como nunca antes necesitamos entender la verdadera ciencia de la educación. Si dejamos de entender esto, nunca tendremos un lugar en el reino de Dios".

LO QUE LAS IGLESIAS PROTESTANTES ENFRENTARON EN EL AÑO 1844, NOSOTROS LOS ADVENTISTAS DEL SÉPTIMO-DÍA LO ENFRENTAMOS HOY. Veremos cómo las denominaciones protestantes se opusieron a los principios de la educación cristiana y así dejaron de preparar a sus jóvenes para que dieran el Clamor de Medianoche. Los jóvenes Adventistas del Séptimo-Día, miles de los cuales están en las escuelas del mundo, no pueden darse el lujo de permitir que se repita este fracaso. La caída moral de las iglesias protestantes que causó el poderoso clamor, "ha caído Babilonia, ha caído" (Apoc. 14:7), nunca habría ocurrido si ellos hubieran sido fieles a los principios de la educación cristiana. Si los Adventistas del Séptimo-Día se allegan al Fuerte Clamor con la misma experiencia que se allegaron los protestantes al Clamor de Medianoche, serán también vírgenes fatuas para quienes también la puerta estará cerrada. Todas las vírgenes de la parábola de Cristo tenían lámparas, las doctrinas; pero carecían del amor a la verdad que encienden estas doctrinas. "La ciencia de la verdadera educación es la verdad, la cual ha de quedar grabada tan profundamente en el alma que no pueda ser borrada por el error que abunda por doquiera. El mensaje del tercer ángel es verdad y luz y poder". (*Joyas de los testimonios*, tomo 2, P. 412). ¿No es la educación cristiana, entonces, la luz para las doctrinas? La educación papal no enciende esas lámparas, porque es oscuridad.

Ciertamente este es un tiempo solemne para nuestros jóvenes Adventistas del Séptimo-Día, un tiempo cuando cada maestro en la tierra, cuando cada estudiante y futuro obrero misionero en la iglesia, debe mirar la situación honradamente y determinar su actitud hacia los principios de la educación cristiana. Puesto que "antes que podamos llevar el mensaje de la verdad presente en toda su plenitud a otros países, debemos romper primero todo yugo. Debemos venir a la línea de la verdadera educación" (*The Madison School*, p. 30). "Ahora como nunca antes necesitamos entender la verdadera ciencia de la educación. Si dejamos de comprender esto, nunca tendremos un lugar en el reino de Dios" (White, *Christian Educator*, August, 1897. Ver también *Mente, carácter y Personalidad*, p.53.]). Estamos tratando con un asunto de vida o muerte.

HISTORIA DE LA REFORMA EDUCATIVA ANTES DEL AÑO 1844

Ahora emprenderemos el estudio de la reforma educativa, realizada por las denominaciones protestantes en relación con el mensaje del primer ángel antes del 1844. La siguiente declaración muestra que había necesidad de una reforma en la educación de aquel tiempo.

"Cuando la verdad para estos últimos días llegó al mundo en la proclamación de los mensajes del *primero, segundo y tercer ángeles*, se nos mostró que *en la educación de nuestros niños debía introducirse un orden diferente* de cosas" (*Testimonios Para La Iglesia, t. 6, p.131.* [También en Joyas de los Testimonios, tomo II, p.409]).

Es imposible, por el límite del tiempo, estudiar con detalles todas las experiencias de un grupo de más de sesenta escuelas que abogaban por reforma en la educación antes del 1844. No intentando agotar el tema, el objetivo será mostrar que la luz de la educación cristiana brilló con suficiente claridad en varias escuelas de los Estados Unidos para dar a las denominaciones protestantes una oportunidad de juntar estos principios según se desarrollaban en varias escuelas, para que los incorporaran en sus propias escuelas de iglesias, para venir a la línea de la verdadera educación, y preparar un ejército de misioneros para esparcir el mensaje al mundo de aquel entonces. Para mayor conveniencia, las varias fases de la educación cristiana serán consideradas como sigue: El lugar de la Biblia en la Educación; La Literatura Clásica Mundano Moderno y Antigua; Cursos de Estudios Electivos, Títulos y Honores; Reforma en la Dieta; Ubicación de las

Escuelas y Edificios Escolares; Preparación para la obra Misionera de Sostén Propio y un Movimiento de Laicos. La actitud del estudiante Adventista del Séptimo Día hacia estos problemas medirá su eficiencia en la proclamación del mensaje del tercer ángel.

LOS HISTORIADORES CITADOS: — La historia del movimiento de reforma educativa previo al 1844, de la cual citamos, ha sido escrita, en su mayor parte, por hombres que no simpatizaban con las reformas realizadas en aquella época. Muchos de estas escuelas, después de abandonar sus reformas, desarrollaron el sistema popular de educación. Los educadores que estuvieron relacionados con estas escuelas en su historia posterior no están más orgullosos de aquel periodo que cubre estas experiencias de reforma de lo que está el hombre que una vez conoció a Cristo y le sigue con sencillez, y más tarde se fue al mundo. Tal hombre es capaz de tomar en broma su experiencia religiosa, y excusarse así mismo de su primera actitud hacia la reforma.

Así estos historiadores, que escribieron después del período de reforma, frecuentemente han descrito la reforma en una luz desfavorable e incluso ridícula. Si tuviéramos acceso a los reformadores mismos, sin lugar a dudas el movimiento aparecería en una luz más poderosa aún. No obstante, se proporciona suficiente información, incluso por los enemigos del movimiento, para convencer al lector de que el espíritu de Dios conmovió los corazones de los líderes educativos y a los líderes de la iglesia en estas grandes reformas, y que bajo Su dirección intentaron practicarlas.

1. EL LUGAR DE LA BIBLIA EN LA EDUCACIÓN

Sobre este problema, la relación que la palabra de Dios debería tener respecto a otras materias del currículo escolar, se ha estado peleando la guerra de los educadores. El líder en cada lado de esta controversia entiende que su victoria depende sobre la posición que la Biblia tenga en la escuela.

La historia de este debate entre las dos fuerzas sobre la posición de la palabra de Dios en la educación de los jóvenes, puede ser leída en la siguiente historia Bíblica: "y el pueblo había servido a Jehová todo el tiempo de Josué, y todo el tiempo de los ancianos que sobrevivieron a Josué... y se *levantó después de ellos otra generación que no conocía* a Jehová... y dejaron a Jehová... y se fueron tras otros dioses, los dioses de los pueblos que estaban en sus alrededores... y se encendió contra Israel el furor de Jehová el cual los entregó en manos de robadores que lo despojaron y no pudieron ya hacer frente a sus enemigos... y Jehová levantó jueces que lo librasen... Mas acontecía que al morir el juez ellos volvían atrás, y se corrompían... siguiendo a dioses ajenos". (Jueces 2:7-19).

Esta es una historia condensada del antiguo Israel. Cuando la palabra de Dios ocupaba su lugar apropiado en el hogar y la escuela, Israel prosperaba, y las naciones mundanas decían "verdaderamente esta gran nación es un pueblo sabio y entendido" (Deut. 4:6). Luego vemos que "olvidaron las cosas" de Dios y dejaron de "enseñar a sus hijos la palabra". Estos hijos sin instrucción "se mezclaron con las naciones y aprendieron sus obras, y sirvieron a sus ídolos, los cuales fueron causa de su ruina... Se contaminaron así con sus obras, y se prostituyeron con sus hechos... Jehová los entregó en poder de las naciones y se enseñorearon de ellos los que les aborrecían... Muchas veces los libró Dios. (Salmos 106: 35-43).

El estudiante de la Biblia puede leer en esta historia del antiguo Israel una serie de reformas que elevaban la Palabra de Dios a su lugar correspondiente en el hogar y la escuela. Esto era seguido por un descuido en relación al estudio de la Biblia y a la práctica de sus principios en el hogar y la escuela. Esto quiere decir que las ideas de los hombres impíos fueron consideradas superiores a la Palabra de Dios, dando como resultado tanta debilidad que la misma gente a quien Israel estaba tan ansioso de imitar los despreciaron por sus imitaciones, y los miraron con tal disgusto que sometieron a Israel a la despreciable esclavitud; e Israel perdió la estima del mundo, a cambio de su descuido de la palabra de Dios. En el mundo educativo Israel se convirtió en la cola envés de convertirse en la cabeza. Ha sido una batalla real entre Cristo y Satanás, Cristo siempre colocando la sabiduría de su Palabra delante su pueblo como "la cosa principal", "un árbol de vida", mientras que el dios de este mundo nos mantiene en cautiverio todas las veces que el amor a la verdad muere en nuestros corazones. Su propósito siempre ha sido engañar "por medio de filosofía y huecas sutilezas, según las tradiciones de los hombres conforme a los rudimentos del mundo". (Colosenses 2:8). Y Así el problema en disputa entre Cristo y Satanás en la controversia educativa, pasada, presente y futura, ha sido tocante al lugar de la Biblia en las mentes y en las vidas de los maestros y alumnos.

La historia del Israel moderno se puede escribir con el mismo lenguaje como la historia del Antiguo Israel, sustituyendo solamente frases y términos modernos para fijar más vívidamente las comparaciones y las aplicaciones. La generación seducida a preferir la literatura mundana en lugar de la Palabra de Dios, nunca ha sido capaz de aplicarse a sí misma estas lecciones, porque "el dios de este siglo cegó el entendimiento de los incrédulos" (2 corintios 4:4).

"Por sobre todos los demás libros, la Palabra de Dios debe ser tema de estudio el gran libro de texto, la base de toda educación; y nuestros niños deben ser educados en las verdades que ella encierra, sin atender a hábitos y costumbres precedentes. Al hacer esto, maestros y alumnos encontrarán el tesoro escondido; la educación superior...

Debe introducirse y adaptarse un nuevo propósito, ayudar a los alumnos a aplicar los principios de la Biblia en todo lo que hacen. Debe señalarse claramente y eliminarse todo aquello que salga de lo recto, pues es iniquidad que no debe perpetuarse". (Joyas de los Testimonios, II, p.410, 412 [También en *Testimonios para la Iglesia, t. 6, p.136, 132*]). Los estudiantes de nuestras escuelas cristianas deberían poner a prueba con la Palabra de Dios cada hecho y cada aseveración ofrecida. Toda información que no pase la prueba debe ser rechazada como paja, porque no es aceite para sus lámparas, y sólo estorbará al darse el Fuerte Clamor. "Debe introducirse un orden de cosas diferentes" en nuestras escuelas, y "toda cosa torcida y deformada" deben ser enderezadas por los principios bíblicos. Si este principio hubiera sido seguido antes del 1844, los estudiantes habrían estado preparados para recibir el Clamor de Medianoche, y hubieran llevado el mensaje a los confines de la tierra.

LA BIBLIA EN OBERLIN. — La universidad de Oberlin, establecida en Oberlin, en el estado de Ohio, Estados Unidos, en el año 1833, tuvo una experiencia muy interesante en la preparación de obreros cristianos. Un historiador de la institución escribió: "las Escrituras, tanto en la versión inglesa como en las lenguas originales, fueron consideradas como poseedoras del más alto valor educativo; y como tales, debían ser estudiadas en primer, último y cualquier lugar entre estos... La Biblia es apta para estar, y debiera estar cuando menos a la par de los clásicos [literatura griega o latina] y debe tener un lugar en cada plan de educación, desde la escuela primaria hasta la universitaria... ¿No deben los estudiantes de teología leer la Biblia entera en hebreo y griego? Oberlin decidió restaurar la Biblia a su lugar como un libro de texto permanente en el curso entero... "¡Educación cristiana sin la Biblia! ¡Una monstruosidad en el mundo religioso, una piedra de tropiezo para los incrédulos!" (Oberlin p.233-235).

Las siguientes palabras resumen las conclusiones de una gran parte de eruditos de aquel entonces que se estaban esforzando por lograr una reforma en la educación: "En la Edad Media la literatura clásica fue primero despreciada, y luego sobre-exaltada, y las Escrituras empequeñecidas. Ahora de nuevo, vemos que la Biblia sirve para la dicción y para el discernimiento... La Biblia se pasa por alto y se descuida en la educación. Dejad que la Biblia ocupe su lugar. *Asuntos como este no deben decidirse por las costumbres de las escuelas que ya están repletas de muchas costumbres que han llegado desde la época del cardenal Bembo*" (Idem, p.235).

Se hicieron esfuerzos fervientes para colocar la Biblia donde le correspondía en las escuelas por medio de muchos reformadores educativos. El poder de Dios acompañó este esfuerzo. Si los maestros no hubieran cedido a la presión ejercida por los líderes que simpatizaban con la educación mundana, la historia de las iglesias protestantes hubiera sido completamente diferente, y también la de los Adventistas del Séptimo-Día.

OBERLÍN PERMITIÓ QUE LA BIBLIA DECAYERA DE SU POSICIÓN ELEVADA y, después de un lapso de sesenta años, por las siguientes palabras juzgamos que la Biblia todavía no ha alcanzado el lugar que debe de ocupar, incluso entre nuestros propios estudiantes: "La Biblia no ha sido hecha el tema vital de su educación, sino que libros mancillados de incredulidad y propagadores de teoría malsanas han sido puesto delante de ellos" (*Consejos para los Maestros*, p. 429)

2. LA LITERATURA CLÁSICA MUNDANA ANTIGUA Y MODERNA

Los estudiantes en un sistema educativo mundano son inspirados con ideas de las literaturas clásicas paganas y otros autores mundanos, así como los estudiantes de la educación cristiana son inspirados con la Biblia. Las literaturas clásicas o humanistas, pueden no siempre aparecer por nombre en el currículo de algunas así llamadas escuelas cristianas; sin embargo, si el sistema no está animado por el espíritu de la Biblia, los resultados de la educación se verán en caracteres mundanos.

"Se pone en manos de niños y jóvenes en nuestras escuelas libros de autores no inspirados como libros de texto, como libros por los cuales han de ser educados. Permanecen delante de los jóvenes y el precioso tiempo de éstos se ocupan en el estudio de cosas que nunca podrán usar" (White, La Educación Cristiana p. 253). "Todos los asuntos innecesarios debieran desarraigarse de los cursos de estudio, y sólo debe colocarse delante de estudiantes los estudios que les resulten de verdadero valor" (White, *Consejos para los Maestros*, p. 429)

LA LITERATURA CLÁSICA EN OBERLIN. Los reformadores educativos anteriores al 1844 se esforzaron por seguir la verdad en los temas que enseñaron. Oberlin, entre otras, tuvo esta experiencia: "La literatura — *Clásica pagana* — estas dos palabras representan otros de los problemas candentes de hace sesenta años atrás... el tema era discutido entre el público por todas partes". El presidente Mahan, en 1835 "objetó el presente plan concerniente al griego y al latín, especialmente al último. Estaba mejor adaptado, decía él, para educar a los paganos que para educar a los cristianos. Podemos disciplinar la mente con las Escrituras hebreas y griegas, y estas pueden purificar la mente. Esta es la opinión de los mejores hombres y los mejores eruditos. Tengamos menos literatura clásica y más ciencias naturales, más derecho americano, e historia, más de los hombres y sus cosas. Dennos conocimiento verdadero, concreto, práctico y aprovechable."

El prospecto anual de Oberlin, publicado en 1834, contiene esta declaración: "El departamento universitario brindará instrucciones tan extensas, como otras universidades, diferenciándose de algunas al sustituir los autores paganos más objetables por hebreo y literatura clásica sagrada". La razón señalada para el cambio de los autores paganos por la Escritura en su original era que "ciertos autores clásicos eran abominablemente tan inmundos que sería nada menos que criminal ponerla en las manos de nuestros jóvenes".

Sesenta años después de esto, nosotros los Adventistas del Séptimo-Día recibimos la siguiente instrucción sobre este asunto, porque nuestras escuelas no habían tomada la posición positiva que estos reformadores educativos tomaron antes del Clamor de Medianoche sobre los autores mundanos y clásicos: "¿Deben presentarse los sentimientos paganos e incrédulos a nuestros alumnos como adiciones valiosas a su caudal de conocimiento?" (Consejos para los Maestros, pág. 26, 27).

La Junta Directiva pidió a la Facultad de Oberlin que "considerara con mucha oración y deliberación si el tiempo dedicado a los clásicos paganos no debería ser utilizado para estudiar las Escrituras hebreas y la ciencia natural". Tres años más tarde la misma junta directiva preguntó: "¿No deben los estudiantes de teología leer la Biblia entera en hebreo y griego?" Dos años más tarde votaron "que no se debe negar a ningún estudiante la aprobación del colegio al final de su curso por falta de conocimiento de los clásicos paganos, visto que apruebe bien un examen en otras materias necesarias para prepararlo para predicar a Cristo".

El movimiento en favor de sustituir los clásicos paganos con las Escrituras encontró simpatía en muchas escuelas. En 1830 un abogado de gran eminencia, graduado en Yale, hizo un alegato: "Los clásicos sagrados versus pagano". El director de Amhurst, el director de Cooper Union, y el profesor Stowe, de la Universidad de Darmouth, "estaban en completa afinidad en un deseo de ver relativamente menos honor otorgado a la literatura antigua griega y romana y relativamente más honor a la literatura palestina antigua" (Oberlin, p. 231-235).

Estas citas muestran que un número de instituciones de enseñanza que hoy apoyan los clásicos, favorecieron la sustitución de los clásicos con las Escrituras en un momento de su historia.

3. CURSOS ELECTIVOS DE ESTUDIO Y TÍTULOS

La educación mundana obliga a los estudiantes, sin considerar sus necesidades o su trabajo futuro, a seguir un curso prescrito de instrucción. Trata con los alumnos en masa. La educación cristiana reconoce las necesidades individuales, y obra para perfeccionar el carácter individual. Le permite a los alumnos, en consejo con los profesores, a seleccionar materias de acuerdo a sus necesidades futuras. El papado no puede prosperar, a menos que coloque a los alumnos enteramente en un curso prescrito para destruir la independencia y la individualidad. El protestantismo es lo contrario.

"Este largo, dilatado proceso, añadiendo y añadiendo más tiempo, más materias, es uno de los engaños de Satanás para retrasar los obreros. Si tuviéramos miles de años por delante, tal profundidad de conocimiento sería innecesario, aunque podría ser mucho más apropiado, pero ahora nuestro tiempo es limitado". (*Special Testimonies on Education* p. 106).

CURSOS ELECTIVOS. Thomas Jefferson en 1823, en su declaración de los principios de la Universidad de Virginia, dijo, hablando del currículum estereotipado: "No estoy completamente informado de lo que se practica en Harvard, sin embargo hay una práctica de la cual ciertamente variaremos, aunque ha sido copiada, creo, por casi toda universidad y academia en los Estados Unidos. Es la de colocar a todos los alumnos en curso prescrito de lectura, y desaprobar la aplicación exclusiva a sólo aquellas materias que los calificarán para las vocaciones particulares para las cuales ellos están destinados. Por el contrario, le permitiremos elección sin control en las clases que elegirán asistir, y sólo requeriremos calificaciones elementales, y edad suficiente". Boone más adelante dice: "Esta política ha estado en vigencia desde entonces... No existe un currículo de estudios como en la mayoría de las instituciones de igual grado... Esta es 'la libertad de la enseñanza', y es el correlativo de aquella libertad fundamental de igualdad de aprendizaje la cual en este país ha llegado a ser conocida como 'el sistema abierto, o sistema electivo.' " (Boone, p. 190-191.).

EL PLAN DE JEFFERSON de curso electivo fue un puñetazo a uno de los principios fundamentales del sistema papal que no da al estudiante opción, y, naturalmente, aquellos que estaban controlados por el sistema Papal se opusieron al plan. Boone dice, "En 1814, después de numerosas derrotas y constante oposición de parte de las universidades de William y la de Mary, de *las iglesias Protestantes*, y de la mayoría de los líderes políticos de la época, el señor Jefferson y sus amigos procuraron proveer una Universidad" que reconociera el gran principio de libertad en la educación.

La UNIVERSIDAD RANDOLPH-MACON, una institución Metodista, fundada alrededor del 1828 agarró la luz de la educación cristiana e hizo un esfuerzo por desprenderse del sistema medieval que exaltaba las literaturas clásicas. Randolph-Macon tomó la siguiente acción concerniente a los viejos cursos medievales: se "adoptó el sistema electivo...se dice que se puede lograr más bajo este sistema que bajo el sistema curricular antiguo, pero no se le permite a los alumnos elegir por sí mismo sin consultar con la facultad. Prácticamente cada estudiante tiene un currículo elegido por él mismo, de acuerdo al curso que él desea seguir". Por hacer esto Randolph-Macon se vio en dificultades, y no pudo llevar adelante la reforma. "Era un movimiento nuevo, y tuvo que enfrentar el prejuicio o la indiferencia fría de parte de los pastores y la gente" Jefferson, p. 243.

HARVARD, esa escuela que absorbió el sistema Papal de John Sturm de la Cambridge inglesa y que guió a todas las otras escuelas americanas al plan de educación papal, estuvo entre las primeras viejas escuelas que intentó venir a la línea de la verdadera educación sobre esta reforma. Comenzó alrededor del 1824. "La experiencia de Harvard, durante la larga transición de un currículo uniforme obligatorio a uno de estudio de elección libre regulado, pudiera ser de ayuda para otras instituciones...se adoptó un curso descrito como el más amplio plan endorsado hasta la época". Se les dio a los estudiantes una gran libertad en la elección de sus estudios. Se le permitió "elegir de las siguientes materias...fue una gran concepción y tuvo una influencia permanente sobre el curso" (Boone, p. 196).

YALE, quien tan de cerca imitaba a Harvard en los comienzos de su historia, quedó materialmente afectada por la reforma en cursos preparados por Harvard, y le permitió a los estudiantes una libertad mayor en la elección de estudios. "Incluso Yale, que ha sido considerada generalmente y muy apropiadamente como la conservadora del principio de autoridad en la instrucción universitaria, ha permitido gran libertad en un cuarto de siglo ...tan numerosas fueron las concepciones que casi la mitad del trabajo de los dos últimos años quedaban para ser determinada por cada estudiante. El estudiante pre graduado elegía 60% de su estudio y el graduado elegía 80%...Desde el punto de vista de los antiguos, o incluso de un erudito del período revolucionario, el cambio parecería ser arruinador; pero *ya nadie niega la necesidad ni la sabiduría del principio electivo*. El permitir elección es peligroso; pero el no permitirlo es aún más peligroso". (Boone p. 197).

LA UNIVERSIDAD DE MICHIGAN, años atrás, se liberó, y "a los estudiantes les permitía seguir cursos especiales, y al final de curso recibía certificados de suficiencia".

LA UNIVERSIDAD CORNELL también comprendió el principio de la educación cristiana sobre el tema de cursos electivos". Se consideraba como fundamental la libertad en la elección de los cursos de estudios".

En muchas escuelas consientes se está formulando esta pregunta, "¿Se daría el grado de B.A (licenciado o Bachelor of arts) donde han sido omitidos los clásicos? La universidad de John Hopkins dice: sí" (Boone, p. 198).

Un prominente educador resume de este modo las virtudes del sistema electivo: Estimula la elección temprana de la profesión de uno; desarrolla la individualidad; ella da la oportunidad a la elección y a la dirección individual; da la oportunidad de enseñar lo que el estudiante más necesita; mantiene mejor el interés del estudiante; y revelará temprano la capacidad del estudiante.

Los antiguos cursos establecidos eran arbitrarios, y eran necesarios para formar un consorcio educativo que satisficiera las necesidades del papado. Sin tales cursos, era difícil guiar a los estudiantes, haciéndolos herramientas eficientes en las manos de los líderes. A nadie se le debería permitir, de acuerdo a sus ideas de enseñanza, ejercer el derecho de elección, por temor de que no pueda ser dirigido por el sistema como un siervo obediente cuando se dedicara a la obra de su vida. La individualidad y la personalidad, toda independencia y originalidad, podrían así ser muy bien aplastadas al poner a los estudiantes bajo el curso prescrito de estudio regular. A ningún hombre se le permitía enseñar, predicar, o hacer algo de importancia sin primero haber finalizado un curso y sin haber recibido un título.

Así que el Señor, para lograr preparar obreros para el Clamor de Medianoche, inspiró a los reformadores a atacar el duro y austero curso de estudio que había sido heredado,

prácticamente sin cambio, desde los siglos pasados—
un curso que mantenía las mentes de los estudiantes
en el pasado mohoso y oscuro; que los enceguecía a las
cosas prácticas y de interés de la vida y los incapacitaba
para entrar a ésta con la capacidad de poner en práctica
las cosas aprendidas en la escuela. Tal entrenamiento era
absolutamente inútil para aquel que se estaba preparando
para dar el Clamor de Medianoche.

TÍTULOS ACADÉMICOS: — Los cristianos deben
sostener ante el mundo "Que todos los hombres son creados
iguales; que están dotados por su creador con ciertos derechos
inalienables; entre los cuales están la vida, la libertad, y la
prosecución de la felicidad". El papado se opone a estas
verdades, y ha encontrado ser su herramienta más efectiva
para vencer estos derechos inalienables su sistema educativo
con sus cursos y títulos. Por otra parte, estos destruyen la
libertad, la independencia, y la originalidad de pensamiento,
mientras que por otra parte desarrollan la distinción de clase,
la aristocracia y el imperialismo.

La iglesia apostólica apóstata para mantener a sus
miembros sumisos a su voluntad en la enseñanza, vio
necesario desarrollar un cartel educativo. Este monopolio
educativo resultó ser eficaz y se consumó cuando adoptó el
esquema pagano de cursos rígidos que conducen a grados
académicos. Esta iglesia moldeó al cristianismo, y al
Espíritu de Dios lo sustituyó con el espíritu del paganismo.
El papado fue el resultado de la combinación de la forma
cristiana y de la vida pagana. Hartman, escribiendo
acerca del sistema educativo de la iglesia apóstata, dice,
"El conferir títulos académicos fue iniciado por un papa"
(Religion or No Religion in Education, p. 43).

"Muchos de los que profesaban ser convertidos se
aferraban aún a los dogmas de su filosofía pagana, y no sólo
seguían estudiándolos ellos mismos sino que inducían a otros

a que los estudiaran también a fin de extender su influencia entre los paganos" (*El Conflictos de los Siglos*, p. 62, 63.). "Mientras navegamos en la corriente del mundo, no tenemos necesidad de vela ni de remo. Es al tornarnos decididamente contra la corriente cuando empieza en realidad nuestro trabajo. Satanás introducirá toda clase de teorías para pervertir la verdad. La obra avanzará con dificultad" (*JT2* p. 411 [También en *Testimonios para la Iglesia,* t. 6, p.134].). "Los maestros necesitan convertirse de corazón. Es necesario que se realice en ellos un sincero cambio de pensamientos y métodos de enseñanza para colocarlos donde estarán en relación personal con un Salvador vivo" (*Consejos para los Maestros,* p. 344.).

THOMAS JEFFERSON, el hombre que escribió ese gran documento antiguo, la Declaración de Independencia de USA, que anunciaba al mundo nuestra separación de la forma papal de gobierno, y que enuncia el principio divino de que todos los hombres son creados libres e iguales, se empeñó en desarrollar un sistema educativo que estuviera en armonía con la posición de reforma que el gobierno había asumido. Él vio la necesidad de descartar los cursos rígidos y los títulos académicos, e introdujo el "sistema electivo" como hemos visto. "Al principio intentó abandonar los títulos académicos establecidos durante tanto tiempo, salvo aquel de doctor en medicina [MD], y adoptar el sencillo título de Graduado U.V. (Universidad de Virginia), el nombre de la escuela o escuelas en que el estudiante 'había sido declarado eminente,' que se hallaban expresadas en su 'Certificado,' el cual debía ser autenticado por el profesor particular." (Jefferson p. 153). El profesor Tappan, el primer presidente de la universidad de Míchigan, puso por obra el plan de Jefferson. "A los estudiantes se le permitía seguir un curso especial, y recibir a su salida un 'Certificado de Aprovechamiento" (Boone, p. 191).

Esas "primeras tentativas para cambiar las viejas costumbres acarrearon pruebas severas para aquellos que querían andar en el camino señalado por Dios," (Joya de los Testimonios tomo II, p. 419 [También en *Testimonios para la Iglesia,* t. 6, p.146].) quedó bien ilustrado en la experiencia de los fundadores de la Universidad de Virginia, porque "en pocos años la junta y la facultad fueron forzados a renunciar a la reforma".

Hemos visto que la demanda popular por los antiguos títulos y cursos establecidos fue demasiada fuerte para ser resistida por Jefferson. Más tarde el Espíritu de Dios agitó a las iglesias levantando cierta agitación en la escuela de Oberlin, dándoles una oportunidad de huir de ese Sistema tan efectivo para sostener al papado, y dándoles una oportunidad de preparar al pueblo de Dios para el Clamor de Medianoche. Se dice de la Universidad de Oberlin: "El sentimiento democrático, el espíritu de igualdad, la ausencia de clases y castas basados sobre la mera distinción artificial, es tan notable en la institución como en la aldea" (Oberlin, p. 398). "No había habido ningún gesto positivo por los administradores o la facultad en oposición a tales títulos, solo la repugnancia tradicional. Incluso los títulos comunes, en curso, a veces habían caído en desprestigio entre los estudiantes. La mitad de la clase graduada en 1838, que contaba con veinte, rehusó recibir el título; el director anunció en la graduación que aquellos que desearan el título pudieran recibir su diploma en la oficina de la universidad". (Fairchild, p. 267).

La presión de la iglesia que controlaba a Oberlin fue tan fuerte que los reformadores fueron incapaces de desprenderse del viejo sistema educativo. ¿Quién puede decir cuánto peso tuvo este fracaso en reducir a las iglesias protestantes a la condición llamada "Babilonia"?

4. COMPETENCIA, HONORES Y PREMIOS

El otorgamiento de títulos, premios, honores, etc., se tomó prestado del sistema papal de educación.

"En nuestras instituciones de enseñanza debió ejercerse una influencia que contrarrestara la influencia del mundo, y que no estimulara la indulgencia del apetito, la gratificación egoísta de los sentidos, el orgullo, la ambición, el amor a la exhibición y al vestido, el amor a la alabanza y a la adulación, la lucha por altas recompensas y honores como premio por el buen aprendizaje. Todo esto debió ser desalentado en nuestras escuelas. Sería imposible enseñar a nuestros hijos a evitar estas cosas y al mismo tiempo enviarlos a la escuela pública". (Mrs. E. G. White, R. & H. Jan. 9, 1894).

Antes del 1844 Dios estaba esforzándose por hacer por todas las denominaciones protestantes lo que ahora está tratando de hacer por los Adventistas del Séptimo-Día. La reforma educativa anterior al Clamor de Medianoche demostró ser un fracaso. Sin embargo, aquel que haya de participar del Fuerte Clamor deberá tener buen éxito en la reforma educativa.

"Oberlin era algo peculiar en el asunto de las calificaciones, los premios, los honores, etc. Durante la década del 1830, cuando del señor Shipherd y sus asociados estaban echando los cimientos, había mucha discusión seria por doquiera concerniente al valor y la legitimidad de la competencia y la rivalidad... en la vida del estudiante. Muchos de los principales educadores sostuvieron con suma firmeza que no eran necesarias para asegurar los mejores resultados; mientras que en las tendencias generales eran consideradas como un conjunto positivamente dañino y vicioso. De todos modos era mucho mejor apelar a los alumnos de todos los grados como también a todos los demás dirigiéndose solamente a la naturaleza superior de ellos. Grandemente influenciado por tales convicciones, siempre se ha sostenido que, aunque las recitaciones y los exámenes son calificados y se guarda un expediente académico, esto no es para establecer una base para la clasificación o para la distribución de honores, sino para consulta privada del profesor, de un estudiante, u otra persona interesada. Ningún anuncio mostrando rango se hace alguna vez". (Oberlin, p. 408).

LA UNIVERSIDAD DE NASHVILLE: — Mientras Oberlin estaba luchando sobre la cuestión de premios, recompensa, literatura clásica, etc. otras instituciones estaban batallando con los mismos problemas. El doctor Linsley, fundador de la universidad de Nashville, antecesora del bien conocido Instituto Peabody, establecido en este período, dijo: "El acto de dar premios como recompensa por el saber o la erudición fue descartado", y el fundador testificó que "la paz, la armonía, la satisfacción, el orden, el esmero, y el decoro moral prevalecieron de una manera mucho más amplia" (Tenn, p. 33).

HORACE MANN, el eminente maestro y escritor, y el padre del sistema de escuela pública en Estados Unidos, desaprobó abiertamente el sistema clásico de competencia y rivalidad. El Señor Mann dice: "Sostengo y siempre he sostenido que es demasiado anticristiano colocar a dos niños en tal situación que si uno gana el otro deba perder. Así puesto, lo que ganan intelectualmente, si, lo pierden mil veces más en virtud...Ustedes conocen mi punto de vista sobre la competencia y la rivalidad. Puede producir eruditos brillantes, pero produce políticos canallas y comerciantes pícaros" (Mann, Vol. 1, p. 515).

El Señor Mann estaba opuesto a la práctica papal jesuita, tan necesaria para el éxito de su sistema de educación, el cual dice: "Nada será tenido como más honroso que superar y dejar atrás a otro compañero de estudio y nada será más deshonroso que ser superado y dejado atrás. Los premios serán distribuidos a los mejores estudiantes con las solemnidades más grande posible" (Painter, p. 171).

5. REFORMAS EN LA DIETA

"La verdadera ciencia de la educación" le brinda al estudiante un conocimiento de las leyes que gobiernan su cuerpo, y un amor por ellas. Cada escuela cristiana debe dar a sus estudiantes un conocimiento de la dieta y la vestimenta apropiada, y debe ponerlos al tanto de aquellas fases de la vida que conforman a un misionero de éxito. Una ola de reforma en asuntos de dieta, vestimenta y otros principios de salud importante barrió a todo Estados Unidos, y muchos reformadores educativos se esforzaron para introducir estos temas prácticos en sus escuelas. El espíritu de Dios estaba preparándolos para la prueba crucial del 1844.

"El conocimiento de la fisiología y de la higiene [como ciencia] debe ser la base de todo esfuerzo educativo" (La Educación, p. 191). "Si bien las escuelas que hemos establecido han comenzado el estudio de la fisiología, no la han tomado con la energía decidida que deben. No han puesto en práctica inteligentemente el conocimiento que han recibido" (Unpublished Testimonies, mayo 19, 1897). "La salud debería ser tan sagradamente guardada como el carácter" (Christian Educator, p. 184, ver La Educación, p. 191).

LOS FUNDADORES DE OBERLIN movidos por el espíritu de reforma, dijeron: "A fin de que podamos tener tiempo y salud para el servicio del Señor, comeremos únicamente alimento sencillo y saludable, renunciando a todo mal hábito, especialmente el fumar y el masticar tabaco, a menos que sea necesario como medicamento, y nos negaremos a toda bebida fuerte e innecesaria, incluyendo el té y el café, mientras sea factible, y toda cosa costosa que sea planeada simplemente para gratificar el apetito" (Oberlin, p. 86).

En el 1832, el señor Sylvester Graham, creador de la harina Graham, "comenzó a llamar a los hombres a que se arrepientan de los pecados de la mesa. Según esta autoridad clásica, los vegetales y las frutas deberían constituir la esencia de toda comida, y deberían ser comidos en su estado natural tan cerca como sea posible [crudas]. El pan debe ser hecho de harina de trigo integral (siendo esta su condición natural), aunque el de centeno y de harina de maíz también se puede usar si son integrales, así mismo, el arroz y el sorgo, si son cocinados de una manera sencilla. Una buena crema puede ser usada en lugar de la mantequilla, aunque la leche y la miel de abeja son un poco mejor. La carne y el pescado en todas sus formas sería mejor sacarlos de la mesa por completo. No debe probarse ninguna grasa o salsas de grasa, ni alimentos líquidos como sopa y caldo. Los pasteles son una abominación, y el bizcocho en el cual alguna grasa o mantequilla ha sido usada. El pan debería comerse por lo menos doce horas después de haber sido horneado, y veinticuatro horas sería mejor. Y en cuanto a los condimentos, las pimientas, la mostaza, el aceite, el vinagre, etc. y los estimulantes tales como el té y el café, deben ser evitados por todos los medios posibles como enemigos mortales para la salud". (Ober lin, p. 218, 219).

Los profesores de Oberlin Shipherd y Finney confesaron haber recuperado la salud por medio de la reforma de la dieta de Graham. El púlpito de Oberlín se convirtió agresivamente en Grahamita. El departamento de alimentación de la escuela se puso en manos de un discípulo de Graham "No se introdujo té ni café en el comedor del colegio hasta 1842 — quizás un poco más tarde... Muchos de las familias descartaron el té y el café, unos pocos adoptaron la dieta vegetariana." Acerca de la dieta vegetariana, leemos: "Por dos o tres años más se alimentó a los estudiantes en el colegio con la 'comida de Graham'.

Pero no estaban restringidos a esto. Había una mesa para aquellos que preferían una dieta diferente" (Fairchild, p. 83). REFORMA EN LA DIETA EN OTRAS ESCUELAS: — Oberlin no estaba sola en esta reforma. "Se formó en la Universidad Williams una asociación en el 1831, que abarcaba la mayoría de los estudiantes, basada sobre los principios de la abstinencia del té y el café, y promovían el sólo uso de alimentos más simples en cada aspecto." "Se registró la misma reforma en la historia de la universidad de Hudson". En el seminario de Lane "fue el deseo de los estudiantes renunciar al té y al café y a todo lujo, y vivir de acuerdo a los principios de sencillez y economía cristiana". En Danville, en el estado de Kentucky, y en Maryville College, en el estado de Tennessee, sucedió lo mismo, porque queríamos ver a nuestros ministros que se libren de la dispepsia y las enfermedades del hígado". El historiador de Oberlin escribió que "el grupo que no usaba carne ni pescado, ni mantequilla, ni leche, ni té ni café, era numerosa" (Oberlín, p. 222-223).

HORACIO MANN dijo: debemos prestar mucho más atención a la salud de los estudiantes, no sólo por medio de la enseñanza de las leyes fisiológicas de la salud, sino entrenando a los alumnos a una obediencia habitual de ellas. Salomón no dice enseña al niño en su camino, sino que dice instruye al niño, lo cual significa que al niño hay que requerirle que haga las cosas él mismo, y que la repita otra vez, y otra vez y diez veces otra vez hasta que llegue a ser un hábito".

El señor Mann dice más adelante: "Como el ejercicio físico entra en gran medida entre los recursos que aseguran la salud, es una realidad que ninguna universidad pude mantener jamás una condición general de buena salud entre sus alumnos a menos que ellos gasten algunas horas cada día en algún esfuerzo muscular. De aquí que la Universidad de

Antioquía exige a sus estudiantes que practiquen ejercicio cada día...Fomentamos el trabajo manual en toda forma factible, y si el sector público o privado nos diera tierra para agricultura o incluso para la horticultura, les prometemos que el antiguo mandamiento de labrar y cultivar la tierra no quedará olvidado".

Resulta muy difícil encontrar a otro escritor como el señor Mann con una comprensión más clara de los principios de salud tal como lo enseña la Palabra de Dios. Después de describir el aumento de enfermedades en el mundo a causa de la desviación del hombre del plan original de Dios, el Señor Mann dice: "La enfermedad viene únicamente porque el hombre rompe las leyes del cielo; porque a causa del amor al dinero o por causa del orgullo, la enfermedad se une a la enfermedad; porque cuando Dios mandó al hombre *a trabajar* esto es, a hacer alguna forma de ejercicio—en el jardín—esto es, al aire libre—los hombres no quiere hacer ejercicio y quieren vivir en habitaciones que añaden venenos artificiales a venenos naturales, y luego respiran este compuesto virulento" (Mann, Vol. 5, p. 342, 415.)

Si la reforma pro-salud debe ser enseñada por los ministros y los maestros Adventistas del Séptimo-Día, y entendida y practicada por todos los que triunfarán en el Fuerte Clamor, nos vemos forzados a concluir que el Señor estaba dándoles a las iglesias protestantes, a través de sus escuelas, esta luz de la reforma pro-salud porque era tan necesaria para ellas entenderla y practicarla antes del Clamor de Medianoche como lo es para nosotros entenderla y practicarla antes del Fuerte Clamor. También nos vemos obligados a concluir que su fracaso de no vivir la luz de la reforma pro-salud los incapacitó para apreciar y aceptar otra luz. De esa manera, es extremadamente peligroso en este tiempo para los alumnos relacionarse descuidadamente con esta reforma.

6. LA UBICACIÓN APROPIADA PARA LAS ESCUELAS Y LA VIDA CAMPESTRE PARA LOS ALUMNOS

El sistema papal de educación se caracteriza por la palabra centralización; exalta al hombre, sus ideas y sus maneras. En otras palabras es un estudio de las humanidades, de lo artificial más bien que de lo natural. Un esquema tal de educación funciona mejor en conexión con la vida de la ciudad. Por lo tanto, las escuelas papales y aquellas formadas según el modelo papal generalmente están ubicadas en los pueblos y en las ciudades. Por lo contrario, la educación cristiana significa descentralización; Exalta a Dios y Sus obras; es un retorno a la manera en que Dios hacer las cosas. Este sistema puede ser desarrollado mejor en el campo, sobre una finca donde ha de ganarse una experiencia necesaria para llevar el último mensaje.

"Por esta razón, Dios nos ordena que establezcamos las escuelas fuera de las ciudades, donde, sin molestias ni estorbos, podamos llevar a cabo la educación de los alumnos de acuerdo con el solemne mensaje a nosotros confiado para el mundo. Una educación como ésta puede elaborarse mejor donde hay tierra que cultivar…La utilidad aprendida en la chacra de la escuela es la educación más esencial para los que salen como misioneros a muchos países extranjeros" (*Consejos para los Maestros,* p. 518, 519). "Algunos no aprecian el valor del trabajo agrícola. Estos no debieran hacer planes para nuestras escuelas; pues detendrían el avance de cualquier cosa en las direcciones debidas. En lo pasado su influencia ha sido un impedimento" (*Joyas de los Testimonios,* tomo 2, p. 444, [También en *Testimonios para la Iglesia,* t. 6, p.182].)

RESPECTO A LOS TERRENOS DE LA ESCUELA se dice: "Este terreno no tiene que ser ocupado con edificios, excepto en lo tocante a proveer las comodidades necesarias para los maestros y alumnos de la escuela. El terreno que rodea la escuela tiene que ser reservado como hacienda de la escuela. Tiene que convertirse en una parábola viva para los estudiantes, quienes no han de considerar el terreno de la escuela como cosa común...Han de poner en él plantas de adorno y árboles frutales y cultivar la huerta...La finca de la escuela ha de considerarse como un libro de texto de la naturaleza... Traed todas vuestras energías para el desarrollo de la hacienda del Señor... "Las razones que en algunos lugares nos han inducido a alejarnos de las ciudades y situar nuestras escuelas en el campo, se adaptan bien a las escuelas que establezcamos en otros lugares... Si el dinero que nuestras escuelas más grandes emplearon en edificios costosos se hubiese invertido en la adquisición de terreno donde los alumnos pudiesen haber recibido una educación apropiada, no habría ahora un número tan grande de alumnos luchando bajo la carga de una deuda creciente, y la obra de dichas instituciones se hallaría en una condición más próspera... los alumnos habrían obtenido una educación cabal que los hubiese preparado no solamente para la labor práctica en oficios diversos sino para un lugar en *la labranza del Señor en la tierra renovada*". (*Joyas de los Testimonios,* tomo 2, p. 443, 447, 448, [También en *Testimonios para la Iglesia,* t. 6, p.181, 185, 195].)

Hemos visto que Dios se estaba esforzando por levantar a las iglesias populares a que aceptasen la educación cristiana. Esto incluía una reforma en la ubicación de sus escuelas. Unos cuantos años antes del 1844, muchos reformadores educativos fueron persuadidos a establecer escuelas fuera de las ciudades y en una finca.

LOS METODISTAS ya en 1735, bajo la familia Wesley y de Whitefield intentaron en Georgia llevar a cabo la idea educativa de Dios. Establecieron una escuela a diez millas de Savannah. El historiador declara: "El Señor Habbersham había ubicado la donación de quinientas acres". Wesley declaró que esta escuela debe ser "una sede y centro del aprendizaje sano y de la educación religiosa".

LA UNIVERSIDAD DE VIRGINIA EN UNA FINCA: — Cuando Thomas Jefferson estaba haciendo planes para la Universidad de Virginia en un reporte dirigido "a el Portavoz de la Cámara de Delegados, se declara que ellos compraron 'a la distancia de una milla de Charlottesville... doscientos acres de tierra, en la cual había un lugar elegible para la universidad, alto, seco, abierto, con buena agua, y sin nada en sus alrededores que pudiera amenazar la salud de los estudiantes' " (Jefferson, p. 69.).

OBERLIN EN UNA FINCA: — El señor Shipherd, el fundador de la Universidad de Oberlin, escribió así de sus planes primarios: "Debemos establecer escuelas de primera orden, desde la escuela de infante hasta una escuela académica, la cual dará una educación completa en inglés e idiomas útiles, y si la Providencia lo favorece, instrucción completa en teología—quiero decir, teología práctica. Estamos para conectar los talleres y la finca con la institución." Se compró una extensión de tierra en los bosques vírgenes de Ohio, y 640 acres de esta fueron reservados para los propósitos escolares. La tierra era barrosa y húmeda, y esta propiedad "había sido pasado por alto por muchos años como inadecuada para ser ocupada". La compra fue severamente criticada por estas mismas razones. Se compró porque la fe de los fundadores los capacitó para ver cosas en esta que aun los expertos en tierra no vieron. Lean los Adventistas del Séptimo-Día la experiencia similar de los fundadores de la escuela de Avondale, Cooranbong, Australia. Los fundadores de Oberlin "fueron guiados por una sabiduría más alta que la humana, puesto que una ubicación, en su aspecto físico casi prohibitiva, y por años de acceso muy difícil, fue una condición indispensable para la formación del carácter y la ejecución de la obra a la cual Oberlin fue claramente llamada". (Oberlin, p. 82.)

LA UNIVERSIDAD DE RICHMOND (estado de Virginia) fue fundada por los Bautistas en 1832. "Compraron la finca Spring, una pequeña propiedad a algunas cuatro millas al nordeste de la ciudad, y ahí el cuatro de julio, inauguraron una escuela de trabajo manual, llamado Seminario Bautista de Virginia". (Jefferson, p. 271.)

LA UNIVERSIDAD DE EMORY Y HENRY, una institución Metodista, fue establecida en Virginia en 1835. Esta debería ser "lo que se conocía como una universidad de trabajo manual, una institución de enseñanza en la cual los alumnos debía ser entrenados a trabajar tanto como a pensar. Esta característica de trabajo manual era muy prominente en la empresa, como originalmente le fue presentado al público...Una finca de seiscientos acres de tierra altamente productiva se compró y se pagó con los primeros fondos recolectados. Se determinó al principio que esta finca debía ser cultivada por los estudiantes, por la cual se le concedería una compensación la cual ayudaría a pagar sus gastos de estudios". (Jefferson, pp. 253-254.)

Sería interesante estudiar esta reforma más profundamente porque muchas otras escuelas siguieron esta luz y aseguraron sitios lejos de los pueblos y las ciudades. Cuando estudiemos acerca del entrenamiento manual esta fase de la reforma educativa será traída otra vez a tu atención.

7. SENCILLEZ EN LA EDIFICACIÓN

LA REFORMA EDUCATIVA INCLUYE LOS EDIFICIOS en los cuales una institución educativa es alojada. El espíritu de centralización es un aspecto indispensable del papado, y cierta formas característica de construcción se haya asociada generalmente con el sistema papal educativo de la Europa medieval—edificios de la orden monástica, oscuros, conventos negruzcos, con las cuales se asocian largas oraciones, cuentas de rosarios, Biblias encadenadas, capuchas, mantos, birretes, vigilias, exámenes largos, títulos, rollos de pergamino; memorizaciones en lugar de razonamiento; vista, no fe; meditación, no acción. Boone dice: "La educación monástica busca por medio del silencio absoluto colocar al alma en un estado de inmovilidad, que, a través de la carencia de todo intercambio de pensamiento, al final se hunde en una apatía y antipatía total hacia toda cultura intelectual". Imagínense intentar dar esta clase de educación en el campo abierto, libre o en edificios con ventanas abiertas a través de las cuales los rayos brillantes del sol, rodeados de pájaros cantores, gente trabajando, vacas lecheras, granos en crecimiento, y el sonido del serrucho y del martillo. Dicho ambiente mata este sistema educativo tan ciertamente como la luz solar mata a los gérmenes.

"Los errores cometidos en el pasado en la construcción de ciertos edificios, deben ser advertencias saludables para lo por venir…Nuestras ideas referentes a construir y amueblar las instituciones deben ser regidas por la práctica de una comunión constante y humilde con Dios. No debe considerarse necesario dar a esos establecimientos una apariencia de riqueza…No son los edificios imponentes y costosos, ni los muebles de lujo…lo que dará a nuestra obra influencia y éxito" (*Joyas de los Testimonios, tomo III, p. 118-119* [También en *Testimonios para la Iglesia, t. 7, p. 92*].).

THOMAS JEFFERSON en su esquema para dar una educación democrática descartó el sistema de dormitorio medieval de las escuelas papales. "En lugar de construir un solo edificio grande que pudiera haber agotado sus fondos, y dejando nada o muy poco para otros gastos esenciales, pensaron que sería mejor levantar un pequeño edificio separado para cada profesor, con un cuarto para sus clases, y otros para su propio alojamiento, conectando estas cabañas con una hilera de dormitorios capaces de alojar cada uno sólo a dos alumnos — una provisión amigable igualmente al estudio tanto como al orden y a la moral". Se dice de las cabañas de los alumnos: "Consistieron en dormitorios de un piso que mostraban una impresión agradable", y estos edificios tenían sus "jardines".

Esto ciertamente requiere autonomía [autogobierno]. Esto colocaba a los alumnos y a los maestro al mismo nivel; estimulaba un estilo de vida sencilla; esto era económico, y apelaba fuertemente a la atención de aquellos que tenían poco dinero para gastar en equipo y edificios escolares. Pero, aún otras razones se dieron en favor de este plan de cabañas. Jefferson dijo: "El plan ofrecía la ventajas adicionales de una seguridad mayor contra incendio e infecciones, de agrandar los edificios a igual paso que los fondos disponibles, y de aquí en adelante ampliaciones indefinidamente... en lugar de un inmenso edificio, prefiero tener uno pequeño para cada maestro, colocado alrededor de un cuadrado que permita ensanchamiento, conectada por una galería techada para que puedan ir en seco de una escuela a otra. *Este plan es preferible a un solo edificio grande por muchas razones*, particularmente por causa de incendio, de salud, de economía, de paz y de quietud." Un plan así había sido aprobado en la situación de la universidad de Albemarle. "Cabal también estuvo convencido totalmente del buen juicio de la política de construcción de la universidad. Incluso los enemigos de la institución reconocieron que el método de Jefferson era sabio".

Un influyente visitante "fue ganado para la universidad por una mera visita de inspección que lo impresionó con el esplendor y la extensión de la institución...No había absolutamente nada en la vecindad de Charlottesville que atrajera la envidia de los profesores ni de los estudiantes. Jefferson estaba obligado, por la necesidad de la situación, a crear algo visible e impresionante que forzara la admiración". Antes de la inauguración de la universidad, Jefferson escribió sobre la existencia de diez casas distintas para los profesores, "cada una con un jardín," y ciento nueve dormitorios aptos para alojar dos estudiantes cada uno".

Jefferson vio el efecto de la arquitectura sobre la mentes plásticas de los estudiantes, y dijo: "Mi parcialidad por tal división se funda no solamente en puntos de vista educativos, sino infinitamente más como el medio de una mejor administración de nuestro gobierno, y la preservación eterna de los principios republicanos" (Jefferson, pp. 69-101).

LOS FUNDADORES DE OBERLIN se alinearon con la verdad en asuntos de edificaciones sencillas. "Para aumentar nuestros medios de servicio...En la construcción de nuestras casas, muebles, carruaje y en todo lo que nos concierne, observaremos sencillez y durabilidad". (Oberlin, p. 86). "Existe un estilo simple, limpio, sencillo de construcción que se recomienda a sí mismo al buen juicio de todo hombre culto, y que aun así no será bien apreciado por el mundo, ni tampoco es una abominación a la vista del Señor". (Fairchild, p. 359).

EL PLAN DE CABAÑAS para alojar a los estudiantes fue empleado también por otras escuelas. Se dice de la Universidad de Oglethorpe, una de las principales instituciones Presbiterianas al principio de la historia de Georgia: "Había una hilera de dormitorios de un piso para la morada de los alumnos... Estaban colocadas a doce pies de distancia y cada una estaba dividida en dos cuartos de dieciocho pies cuadrados" (Ga, p. 83). Esto ocurrió en el 1837 cuando los Presbiterianos estaban luchando con la "verdadera ciencia de la educación," y estaban decidiendo el asunto de si ayudarían a proclamar el último mensaje para el mundo.

El objetivo de la escuela cristiana es entrenar a los jóvenes a "sufrir penalidades como buen soldado de Jesucristo" (2 Timoteo 2:3). Los gobiernos del mundo, cuando están entrenando a los soldados, evitan aquellas comodidades y aquellos lujos que tienden a hacer que el soldado no esté dispuesto a soportar las penalidades del campo de batalla. No los acuartelan en los hoteles más modernos. Sin embargo, con frecuencia los edificios de una escuela son construidos y equipados para la comodidad de aquellos que enseñan, hospedan y cuidan a los alumnos, en vez de hacerlo para el entrenamiento necesario para preparar a estos jóvenes de manera que lleguen a ser soldados que sufran penalidades. El uniforme, los modales y el refinamiento en general del soldado estudiante reciben más atención que el entrenamiento verídico por muchos de los oficiales que han tenido más experiencia en los desfiles de galas que en las trincheras. ¿Necesitamos sorprendernos por qué un porcentaje grande de los alumnos, después de un entrenamiento largo, prefieran aceptar trabajo en una institución con comodidades modernas, donde hay buenos alimentos, ropas y un salario seguro, más bien que iniciar una institución como pioneros donde tendrán que, comúnmente, disponer de sus propios recursos? ¿Hasta qué grado las escuelas grandes y bien equipadas son responsables por esta situación? En estos últimos días las escuelas que enseñen a sus alumnos a estar contentos con alimento y ropa sencilla, y fomenten el espíritu de sacrificio, y concedan la habilidad de decir: "De aquí en adelante ese país que más necesite mi ayuda es mi país", tendrá la más alta demanda de aquellos estudiantes que esperan triunfar en el Fuerte Clamor.

Fue basado sobre este principio que Thomas Jefferson construyó edificios escolares simples en los cuales entrenar a una clase de hombres que promovieran los principios de la democracia en los Estados Unidos. Prácticamente todos los gobiernos del mundo han sido afectados por estos principios.

La mayoría de los maestros, cuando piensan en una escuela de entrenamiento, conciben la idea de edificios grandes, equipados con facilidades y comodidades modernas que exigen un gran desembolso de dinero. Aquí (en Madison) ustedes no han tenido tales edificios. Esta escuela difícilmente sería reconocida como una institución educativa por una persona que tenga el concepto tradicional de una escuela de entrenamiento. Esta capilla, las pequeñas aulas de clases, el comedor, los talleres, las cabañas y otros edificios agrupados alrededor de la finca proveen las facilidades de la escuela. Nuestras facilidades son, como una regla general, más simples que las que muchos de ustedes tienen en sus propias casas. ¿Cuál es el resultado? Veintenas de alumnos han captado la visión, y han reconocido que es posible construir una escuela aún con recursos limitados. Como resultado más de treinta centros pequeños están proveyendo educación a cientos de niños que no son de la iglesia, mientras que si estos mismos estudiantes hubieran recibido su entrenamiento en una escuela bien equipada y cara, el número de escuelas iniciadas sin dudas sería considerablemente menor.

De nuevo, cuando la gente promedio piensa sobre un sanatorio tiene en mente una de nuestras instituciones grande con comodidades muy modernas. Aquí ante ustedes hemos tenido un sanatorio pequeño de tres armaduras de un piso conectadas por galerías techadas, equipado tan simple que puede ser duplicado en casi cualquier campo misionero. Ustedes han visto este sanatorio lleno de pacientes y una lista de personas esperando ser admitidas. Esto ha revolucionado la mente de muchos, y muchos hogares de salud están surgiendo para ser conducidas por planes similares a este.

Estas dos ilustraciones, la de la escuela y la del sanatorio, se citan para mostrar que los efectos de los equipos y edificios circundantes sobre las mentes de los alumnos van más allá del cálculo. La luz fue dada a los protestantes antes del 1844 para guiarlos a la erección de edificios, equipos y mobiliarios; en dieta, vestimenta y alrededores, para que un gran ejército pudiera ser capaz, de una manera simple, de barrer la tierra con ese poderoso mensaje, el Clamor de Medianoche.

8. EL ENTRENAMIENTO MANUAL Y LO PRÁCTICO EN LA EDUCACIÓN

Los tiempos en que vivimos demandan una educación que produzca hombres y mujeres capaces de hacer cosas. El sistema papal divorcia el aprender del hacer y descalifica a los hombres y a las mujeres para dar al mundo la advertencia final. Dios conmovió a cada denominación antes del 1844, para poner la educación cristiana práctica al alcance de los jóvenes.

"Si en generaciones pasadas el sistema de educación hubiera sido conducido sobre un plan totalmente diferente, los jóvenes de esta generación no serían tan depravados e inútiles... En generaciones pasadas, debiera haberse hecho provisión para impartir educación en una escala mayor. En relación con las escuelas, debiera haberse tenido establecimientos agrícolas e industriales. También debió haber maestros de quehaceres domésticos... Si las escuelas se hubieran establecido de acuerdo con este plan mencionado, no habría ahora tantas mentes desequilibradas. Se me ha conducido a preguntar ¿Debe todo lo que es de valor en nuestros jóvenes ser sacrificado para que puedan obtener una educación en las escuelas? Si hubiera habido establecimientos agrícolas y factorías relacionadas con nuestras escuelas, y maestros competentes para educar a los jóvenes en las diversas ramas del estudio y del trabajo, que dedicasen una porción de cada día al progreso mental y otra al trabajo físico habría ahora una clase de jóvenes más elevados para presentarse ante el escenario de la acción, y para ejercer una sana influencia para amoldar a la sociedad. Muchos jóvenes graduados en tales instituciones saldrían dotados de un carácter estable. Tendrían perseverancia, fortaleza y valor para superar los obstáculos, y principios que no se dejarían torcer por las malas influencias, por populares que fuesen. Debería haber habido maestras expertas para dar lecciones a las señoritas en el departamento culinario. Las jovencitas debieron haber sido instruidas a manufacturar trajes de vestir, a cortar, a hacer y a remendar ropas, y así llegar a estar educadas para los deberes prácticos de la vida". (Christian Education, pp 11, 18, 19. Algo muy semejante en Consejos para los Maestros, pp.274-275.)

JEFFERSON, Como pudiéramos esperarlo, captó una vislumbre de esta importante fase de la educación e hizo un esfuerzo para ponerlo en práctica en la Universidad de Virginia. "Propuso lo que él llamó una 'Escuela de Filosofía Técnica'...A tal escuela vendría el marinero, el carpintero, el constructor de buques, el zapatero, el relojero, el mecánico, el optometrista, el fundidor, el amolador, ... el fabricante de jabones, el curtidor, el que trabaja en la salina haciendo sal, el fabricante de vidrio, para aprender tanto como sea necesario para proseguir su arte inteligentemente...En esta escuela de tecnología, Jefferson propuso agrupar a los estudiantes en clases conveniente para la instrucción práctica y elemental por medio de charlas, que serían dadas en la tardecita, para *proporcionar oportunidad de trabajar durante el día*". (Jefferson, p. 84) A Jefferson se le cita diciendo que "ninguna nación sobrevivirá mucho al decaimiento de su agricultura" (Pagan vs. Christian Education, [*Educación Cristiana versus Pagana*], p. 43).

"LA SOCIEDAD PARA PROMOVER EL TRABAJO MANUAL EN LAS INSTITUCIONES DE ENSEÑANZA se fundó en New York en el año 1831 con cerca de una veintena de nombres eminentes entre sus oficiales... En el año 1831 un tremendo impulso le fue dado al movimiento por medio de la publicación del famoso panfleto sobre trabajo manual de Theodore D. Welds, bajo el auspicio de la sociedad. Contenía el testimonio de cientos de hombres notables, todos diciendo que esta panacea era sin duda poderosa para sanar... su reporte, cuando fue publicado, produjo una de la excitaciones sensacionales de la época". (Oberlin, p.230)

EL TRABAJO MANUAL EN OBERLIN. Oberlin estaba entre las escuelas de este período que se colocaron en las manos de Dios para ser usadas brindando una educación práctica a cientos y miles de jóvenes que más tarde serían llamados a dar un servicio tenaz en favor del Maestro. El historiador de Oberlin declara que para el tiempo en que comenzó la escuela, había "un amplio despertar intelectual, incluyendo reformas radicales en los métodos educativos". El señor Shipherd, uno de los fundadores de Oberlin, quería estar en armonía con el plan divino de educación y dijo: "Cientos de jóvenes promisorios sin dudas serán educados para el servicio de Dios, o no educados, conforme les proveamos o no, los recursos para una educación completa a través de su propia laboriosidad y economía".

En el primer reporte anual publicado en Oberlin en 1834, leemos: "El Departamento de trabajo manual se considera como indispensable para una educación completa". El historiador declara: "El trabajo honesto será apreciado, los más ricos y los más pobres se juntarían diariamente a un mismo nivel, la salud de todos quedará así asegurada, un estímulo mágico será impartido tanto a la mente como a la moral; pero lo mejor de todo, y lo más cierto de todo, es que cualquier persona, no importa el sexo, que desee obtener una educación podrá pagar sus clases fácilmente con el trabajo de sus propias manos".

Acerca del departamento industrial de Oberlin el historiador dice: "Está equipado con una máquina de vapor que impulsa un aserradero, un molino, una sierra de tabla y listón, y un torno mecánico, al cual otra máquina le sería añadida. Un taller ya ha sido construido y equipado con herramientas, y otros talleres serán añadidos". "El Trabajo manual se hallaba entre los elementos más indispensables de la idea de Oberlin. Ninguna otra cosa hizo más en pro del establecimiento y del engrandecimiento de Oberlin. Por el espacio de media generación multitudes de estudiantes vinieron de todas partes, quienes de otra manera nunca hubieran entrado en sus pasillos; y mucho más, con toda probabilidad, que nunca hubieran tenido una educación".

Uno de los fundadores de Oberlin escribió en 1833: "Que un departamento femenino sería establecido en el plan de trabajo manual, incluyendo quehaceres domésticos, manufactura de lana, cultivo de seda, partes apropiada de la horticultura, especialmente el cultivo de semilla para el mercado, fabricación de ropa, etc".

De hecho, el objetivo de Oberlin, según se publicó en su primer catálogo "dice ser para dar la educación más útil al menor costo de salud, tiempo y dinero; extender el beneficio de tal educación a ambos sexos y a todas las clases de la comunidad;... la calificación minuciosa de maestros cristianos tanto para el púlpito como para la escuela;... la difusión de ciencia útil, sana moralidad, y religión pura entre las multitudes creciente del Valle del Mississippi y a los millones de destituidos que están esparcidos por todo el mundo, a través de ministros y maestros piadosos".

El trabajo manual se enfrentó con una oposición intensa, pero en 1833, el Señor Shipherd escribió con júbilo: "Los estudiantes estudian y trabajan bien. Cinco minutos después de que la campana del trabajo manual suena, los martillos y serruchos de los alumnos mecánicos despierta todo nuestro alrededor". Después de nombrar las ventajas del entrenamiento manual, él añade: "En una palabra, satisface las necesidades del hombre como un ser compuesto, y evita el gasto común y asombroso del dinero, del tiempo, de la salud y de la vida" (Oberlin, p. 98, 100, 223, 225).

NUMEROSAS INSTITUCIONES DE TRABAJO MANUAL: — "En todo esto Oberlin de ningún modo era original, sino que meramente copió, con ligeras modificaciones, lo que ya se encontraba en numerosas instituciones por todos los estados del este, del centro y del oeste de Estados Unidos. En 1830, se podían nombrar *diez* anexos de trabajo manual, mientras que durante la década siguiente *varias veintenas* fueron añadidas a este número. La Wesleyana de Maine fue famosa en sus días y se hallaba entre las primeras, mientras que Bowdoin, Waterville, y el Seminario Bangor poseían estas ventajas. En Dexter, en el estado de Maine, no sólo a todos los estudiantes, sino también a los maestros se les requería que trabajaran por lo menos cuatro horas diarias. El estado de Massachusetts tuvo por lo menos *media docenas*... New York fue agraciada con *varias*, entre ellas el Instituto Oneida; y el Instituto de

Educación Práctica de Rochester, donde los estudiantes de habilidad mecánica común mientras aprendían un oficio podían casi pagar su educación, y se calculaba, que cuando ciertas facilidades planeadas estén equipadas, ellos pagarán todos sus gastos. También el estado de Pennsylvania tenía *varias* de estas escuelas. En la Universidad Lafayette, en Easton, el presidente Jenkins y los estudiantes llevaron a cabo la construcción de un edificio de dos pisos...En el Oeste donde la gente era más pobre y la tierra más barata, el trabajo manual fue más popular. En Hudson (estado de Ohio) tenían talleres y una finca, en Marietta y en el Seminario Lane tenían lo mismo, por lo menos. Michigan se movió en este gran asunto; Indiana, Illinois, Kentucky o Tennessee, tampoco se quedaron atrás en ayudar al músculo de la clase estudiantil". (Oberlin, p. 229-230).

"LAS SOCIEDADES EDUCATIVAS DE TODAS LAS DENOMINACIONES PRINCIPALES eran participantes activas, ya sean Bautista, Congregacionalista, Episcopal, Metodista, o Presbiteriana, y *la mayoría de los principales educadores* estaban llenos de entusiasmo y fervor... La Secretaría Episcopal pudo exclamar: 'Casi envidiamos a nuestros sucesores del curso académico cuando algo del vigor de los padres se encontrará en los labradores intelectuales del día, y el pálido tinte de dispepsia dejará de ser el testimonio uniforme de una vida de estudio". (Idem). El Dr. Lindsley, fundador de la Universidad de Nashville, hoy el Instituto Peabody, fue un defensor del trabajo manual. El "hubiera añadido a escuelas de cualquier grado, fincas y talleres. Estas fincas y talleres hubiesen servido a un propósito triple. Proveerían el ejercicio requerido, serían útil en la enseñanza de oficios, y le darían a los muchachos pobres una oportunidad de ganarse la vida".

LA UNIVERSIDAD DE EMORY Y HENRY, en el 1835, era "una universidad de trabajo manual, un instituto de enseñanza en el cual los alumnos debían ser entrenados a trabajar como a pensar. Esta característica del trabajo manual fue un rasgo distintivo prominente de la empresa... Esta característica se volvió prominente en estos movimientos incipientes, puesto que la institución fue construida por gente envuelta casi en su totalidad en las artes mecánicas y agrícolas, una gente entre las cuales muchos tenían prejuicio en contra de una raza vaga y educada". (Jefferson, p. 253).

ENTRENAMIENTO MANUAL EN LAS ESCUELAS BAUTISTAS: — "En el 1830, unos cuantos hombres devotos se reunieron en la Segunda Iglesia Bautista a las cinco en punto de la mañana para hacer planes y proponer algún plan en pro del mejoramiento de los jóvenes que, al juicio de las iglesias, habían sido llamados a la obra del ministerio...Organizaron la Sociedad Educativa Bautista de Virginia, y por dos años ayudó a jóvenes aprobados colocándolos en escuelas privadas... En el 1832, la Sociedad compró la finca Spring... abrió una escuela de trabajo manual, llamada El Seminario Bautista de Virginia... el número de alumnos aumentó a veintiséis, alrededor de un tercio de ellos estaban preparándose para el ministerio... A esta compra de nueve acres se le añadieron seis más en el año 1836... El propósito de añadir más terreno era darle más campo al aspecto del trabajo manual de la escuela. En esto insistieron enérgicamente las autoridades para darle al pobre la oportunidad de ayudarse a sí mismo y darles a todos la oportunidad de hacer ejercicio. Pero resultó impopular entre los estudiantes... Y finalmente como leemos en el reporte del año 1841, este rasgo... ha sido virtualmente abandonado". (Jefferson, p. 271).

LOS BAUTISTAS DE GEORGIA en 1833 fundaron la Universidad Mercer, una escuela "que uniría el trabajo de agricultura con el estudio, y estaría abierta sólo para aquellos que desearan prepararse para el ministerio. La idea de fundar una escuela de trabajo manual donde la teoría y la práctica deban ser enseñada, un plan apreciado por los Bautistas de Georgia, parece haberse originado con el Doctor Sherwood, quien fue el primero que demostró su factibilidad en la academia establecida por él cerca de Eatonton en el Condado de Putnam." (Ga. P. 61).

Podríamos multiplicar los datos históricos referentes a las escuelas de entrenamiento manual que existieron durante esta notable reforma educativa que precedió al año 1844. Los ejemplos ya dados son muestras de las experiencias de más de sesenta escuelas de entrenamiento manual de este período. Para los reformadores de la educación Adventistas del Séptimo-día, estas experiencias son emocionantes. ¿Cuáles habrían sido los resultados si los hombres responsables de estas primeras reformas no hubieran cedido a la presión ejercida sobre ellos por los principales hermanos de sus respectivas denominaciones? Esta oposición fue dura de afrontar, pero el fracaso de la causa se debió realmente a la falta de valor y devoción a estos principios, porque donde hay un valor intenso y amor a la obra de Dios, la oposición sólo fortalece a los reformadores. Los adventistas saben que los ángeles estuvieron por todas partes ocupados animando a estos reformadores. Es un hecho alarmante el que estas escuelas renunciaron a su postura sobre la reforma de entrenamiento manual justo para el tiempo en que el Clamor de Medianoche debía ser dado. Si ellas hubieran permanecido fieles, la historia habría resultado en una historia diferente. La historia de la obra educativa Adventista del Séptimo-día también hubiera sido diferente.

Si Oberlin, por ejemplo, se hubiese mantenido fiel a su idea de entrenamiento manual, sus obreros misioneros, al ir como lo hicieron a los montañeses del sur y a los libertos del sur, habrían cambiado la complexión de la historia sureña de Estados Unidos. Hubieran colocado a los estados sureños cuarenta años delante de lo actual. La obra de Booker T. Washington en favor de los negros hubiera sido establecida un cuarto de siglo antes de su época. Pero "Debido a que los hombres no pudieron comprender el propósito de Dios en los planes presentados a nosotros para la educación de los obreros, se han seguido en algunas de nuestras escuelas métodos que han retardado más que adelantado la obra de Dios. Años han pasado a la eternidad con poco resultado, que podrían haber presenciado la realización de una gran obra". (Elena White, Madison School, p. 29 [También en *Consejos para los Maestros*, p. 519]).

LAS VENTAJAS DEL TRABAJO MANUAL: — "Los estudiantes estaban divididos en pequeños grupos de ocho o diez cada uno, y cada grupo colocado bajo la supervisión de uno de los estudiantes más viejo… eso rompió la monotonía de la vida estudiantil ordinaria; promovió la salud y el optimismo de espíritu; en las horas de trabajo en el campo y en la foresta, se hallaba no sólo alivio del estudio sino una variedad tan grande de incidentes, que los estudiantes de aquellos días encontraban más recursos de regocijo sólido de lo que otros hayan experimentado antes… Todos los alumnos, excepto los estudiantes diurnos, residían en un edificio común, donde al practicar la economía y con la ayuda de la finca, se lograba un superávit cada año el cual se usaba para mejorar la escuela". (Jefferson, p. 253-255).

EL TRABAJO MANUAL, como parte del currículo en esas escuelas que entrenaban ministros y obreros misioneros, es parte de esa "ciencia de educación verdadera" que Dios dio a conocer a algunos hombres y mujeres antes de que llegara el año de 1844. Fue uno de los medios de Dios para entrenar misioneros prácticos para los campos misioneros del mundo. A pesar del hecho de que prácticamente cada denominación protestante tuvo cierta experiencia dirigiendo escuelas de entrenamiento manual, estas denominaciones en su totalidad se oponían a la idea, y su persistente oposición finalmente forzó a las escuelas que habían encabezado la reforma a cerrar sus departamentos de trabajo manual. La clausura de los departamentos de trabajo manual es una señal en favor de un retorno al sistema educativo europeo medieval. Comenzaron a formar mundanos en lugar de formar cristianos. Aquí yace uno de los errores más grandes de las denominaciones protestantes anterior al año 1844. Aquí está una de las razones del por qué no estuvieron preparados para el Clamor de Medianoche y para el mensaje del primer ángel. Los hombres en estas escuelas de entrenamiento manual llamaban al trabajo manual en relación con la educación "una panacea poderosa para curar." Las escuelas de entrenamiento de obreros cristianos que perdieron esa "panacea" se enfermaron espiritualmente, y cesaron de abogar por las reformas educativas cristianas. Se le llamaba "un impulso misionero," a aquel que por medio del trabajo manual, "hizo posible para los jóvenes y señoritas más pobres conseguir una educación y así ampliar su capacidad de ejecutar los deberes de la vida".

EL FRUTO DE OBERLIN: — Dios recompensó ricamente esta escuela por su apego a la verdad y por el producto de sus labores, a pesar del hecho de que finalmente fue forzada a ceder. De Oberlin se dice: "Aunque el nombre mismo fue tan temido y odiado, sin embargo había amigos suficientes como para solicitar y desear más maestros de lo que se podían tener. La calidad del trabajo de ellos se halló ser tan excelente que era inteligente tragarse el prejuicio con la finalidad de asegurar el beneficio de su instrucción." "Un año… no menos de 530 maestros salieron de vacaciones… ¿Quién puede medir el beneficio dado por estas grandes compañías de hombres y mujeres consagrados que, por más de una generación, gastaron sus energías en niños y jóvenes por docenas de miles?... Oberlin es la madre fructífera de universidades: La Universidad Olivet, la Universidad Tabor, la Universidad Benzonia, la Universidad Berea, Fisk University, la Universidad Talladega, Atlanta University, Straight University, Instituto Emerson, Howard University, y otras escuelas y empresas que absorbieron por muchos años la actividad misionera de hombres y mujeres de Oberlin". Sus estudiantes entraron a tales "campos extranjeros como Turquía en Europa y en Asia, India, Siam, América del Sur, Haití, y Burma" (Oberlin, p. 321, Fairchild, p. 341). Los estudiantes pueden fácilmente deducir de este breve bosquejo cuan extenso pudo haber sido la influencia de Oberlin si ella hubiera permanecido fiel a su reforma. Las palabras dirigidas a los reformadores educativos adventistas del séptimo-día se aplican con igual fuerza a los reformadores de Oberlin. "Los reformadores se vieron estorbados y algunos cesaron de pedir reformas. Parecieron incapaces de detener la corriente de dudas y críticas" (Testimonios para la Iglesia, t. 6, p. 147).

OPOSICIÓN: — Los estudiantes estarán interesados en unas cuantas declaraciones que muestran la decadencia de estas mismas instituciones bajo la atmósfera frustrante de la sospecha, la crítica, y la oposición de los líderes. Oberlin soportó la oposición por más tiempo y con mayor éxito que la mayoría de las otras escuelas. El siguiente extracto le proporciona al lector una idea de la duda y de la crítica ejercida contra las reformas de Oberlin por los líderes de las iglesias Presbiteriana y Congregacional. "El trabajo manual, por ejemplo, tuvo muchos amigos y admiradores, pero un gran número miraba la idea con recelo. El estudiante no necesitaba, ni podía permitirse, cuatro horas diarias para trabajar en la finca o en el taller. Ni tampoco era probable que el resultado financiero fuera de algún valor considerable, ni para él ni para la institución a la cual pertenecía"... Así decían los críticos. "Así las cabezas en Nueva Inglaterra y por todas parte comenzaron a sacudirse negativamente". Otra vez: "Tengo ciertas dudas sobre un proyecto comenzado recientemente en esta región y que no hace demandas pequeñas de nuestra parte como empresa de benevolencia. Me refiero a Oberlin para quien se han recibido y se están recolectando grandes fondos. ¿Qué necesidad hay de otra universidad o colegio en los bosques de Ohio, rodeada por otras instituciones a corta distancia de ella, que todavía luchan por sobrevivir?... Se dice que tiene trabajo manual, ¡pero así lo tiene Hudson! ¿Por qué se ha de importunar a los estudiantes a que dejen las instituciones donde ellos están para ir a Oberlin?". (Oberlin, p. 243-247).

CEDIENDO A LA OPOSICIÓN: — "Después que se inició la década de los cuarenta, se habla muy poco sobre el trabajo manual. Con el aumento general de la riqueza había menos necesidad de cualquier valor pecuniario que poseyera. Las conciencias de lo bueno eran menos escrupulosas sobre la búsqueda de ejercicio fuera del trabajo útil, y los deportes y los gimnasios modernos pronto comenzaron a hacer provisión suficiente por el bienestar físico del mundo". (Oberlin, p. 231). Noten el año en que ocurrió este deterioro.

La Universidad Mercer, mencionada anteriormente, tuvo esta experiencia: "En 1844, el sistema de trabajo manual que había estado en prueba desde que se fundó el Instituto en el año 1833, estaba abandonado, habiendo resultado ineficaz. Varios otros intentos para establecer escuelas de trabajo manual habían sido hecho durante la misma década en diferentes lugares los cuales con una excepción habían igualmente fracasado" (GA, p. 65).

¿Captan los adventistas del séptimo-día el significado de esta fecha? Dios no puede soportar por siempre la incredulidad, los esfuerzos a media, la frialdad, y la indiferencia frívola de los principios divino. "Si todos los que habían trabajado unidos en la obra de 1844 hubiesen recibido el mensaje del tercer ángel, y lo hubiesen proclamado en el poder del Espíritu Santo, el Señor habría actuado poderosamente por los esfuerzos de ellos. Raudales de luz habrían sido derramados sobre el mundo. Años harían que los habitantes de la tierra habrían sido avisados, la obra final se habría consumado, y Cristo habría venido para redimir a su pueblo. No era la voluntad de Dios que Israel peregrinase durante cuarenta años en el desierto; lo que él quería era conducirlo a la tierra de Canaán... Asimismo, no era la voluntad de Dios que la venida de Cristo se dilatara tanto". (*Conflictos de los Siglos*, p. 511).

9. EL TRABAJO MANUAL REEMPLAZADO POR EL ATLETISMO, LOS DEPORTES Y LOS JUEGOS

Ninguna escuela puede mantener con éxito en su currículo estudios sobre trabajo manual en igualdad con otros estudios, a menos que el propósito de Dios para con el entrenamiento práctico sea reconocido tanto por los maestros como por los alumnos. Y cuando el propósito es reconocido, el amor, el interés y el entusiasmo generado por una educación que hace cosas útiles, trae más gozo y placer profundo al alumno que tales sustitutos del trabajo manual como son los deportes y los juegos.

"El ejercicio físico fue ordenado por el Dios de la sabiduría. Deberían dedicarse algunas horas cada día a la educación útil en ramos de trabajo que ayudarán a los alumnos a aprender los deberes de la vida práctica, los cuales son esenciales para la vida de nuestros jóvenes. Pero esto se ha eliminado, y se han introducido diversiones que simplemente proporcionan ejercicio sin que haya ninguna bendición especial por la práctica de acciones buenas... El tiempo empleado en el ejercicio físico que paso a paso conduce al exceso, a la intensidad del juego, y el ejercicio de las facultades debiera ser usado en las filas de Cristo, y la bendición de Dios descansará sobre ellos al así hacerlo... El estudio diligente es esencial, pero también lo es el trabajo arduo y laborioso. El juego no es esencial. Ha estado creciendo entre los alumnos la influencia de su devoción a las diversiones, hasta convertirse en un poder fascinante y hechizante que contrarresta la influencia de la verdad sobre la mente y el carácter humano... ¡Que despliegue de poder se manifiesta en vuestros juegos de futbol y otras invenciones vuestras según las maneras de los gentiles – ejercicios que a nadie benefician!... No puedo hallar en la vida de Cristo ejemplo de dedicase tiempo al juego y a la diversión. (Special Testimonies on Education, p. 190-192) Ver Educación Cristiana, p. 418-420 y Consejos Para los Maestros, p. 292-294.

Es fácil determinar el sistema de educación que opera en cualquier escuela de entrenamiento. Los estudiantes que disfrutan de los juegos y los deportes más que del trabajo útil ciertamente han elegido un sistema de educación que les proporcionará muy poca ayuda para prepararse para entrar en los lugares duros del mundo, o prepararse para la lluvia tardía.

Ya hemos observado que la oposición al trabajo útil en Oberlin trajo este cambio: "Los deportes y los gimnasio modernos pronto comenzaron a hacer provisiones suficientes para el bienestar del mundo del alumno". Gradualmente "Oberlin introdujo el béisbol moderno, el fútbol, y el atletismo en general" (Oberlin, p231, 407), pero "la gimnasia entró lentamente en Oberlin, porque pareció ser inconsistente con la idea del trabajo manual" (Fairchild, p. 262). Esto está en armonía con la declaración concerniente a los gimnasios: "Se trajeron para suplir el deseo de entrenamiento físico útil, y han llegado a ser popular con las instituciones educativas". (Elena de White, Christian Education, p. 211).

Antes del fin, todas las escuelas de entrenamiento que estén rompiendo de los "cuellos de sus alumnos yugos mundanos" (*Consejos para los Maestros,* p. 518) y estén trayendo a sus alumnos "a las filas de la educación verdadera" (Madison School, p. 30) para que puedan "llevar el mensaje de la verdad presente en toda su plenitud a otros países" (Madison School, p. 30) verán que todos estos sustitutos, tales como el futbol, beisbol, etc., estarán reemplazados por artes y oficios útiles y genuinos.

10. LA AUTONOMÍA Y LA DEMOCRACIA CRISTIANA DEL ESTUDIANTE

LA INDIVIDUALIDAD, LA ORIGINALIDAD Y LA INDEPENDENCIA DE pensamiento y acción de parte del estudiante son al fin destruido por el sistema de educación papal y otros sistemas derivados de él. Los promotores de este sistema tienen la intención de destruir estos elementos vitales del carácter con el fin de convertir al individuo en un siervo obediente, ciego y dispuesto a las órdenes de los hombres. El papado no puede prosperar a menos que destruya estas facultades divinas del hombre. La individualidad, la originalidad y la independencia de pensamiento y acción son desarrolladas por la educación cristiana. Este sistema está diseñado para desarrollar mentes capaces de ser guiadas por el Espíritu Santo, aun cuando de esta manera a veces esté en oposición diametral a las reglas de los hombres. Aprenden a recibir sus órdenes del Capitán del ejército del Señor cuyas manos están entre las ruedas de los asuntos de los hombres para prevenir confusión, anarquía, y desobediencia a una organización, cualquiera que sea, que esté basada sobre los principios correctos.

Dios estaba preparando una compañía que pudiera ser guiada completamente por Su Espíritu a dar el clamor de Clamor de Medianoche. Sólo aquellos entrenados para tomar la iniciativa, para ser autónomos, se atreverían a desprenderse al oír el llamado de Dios de los errores y las costumbres de Roma encontrados en las iglesias protestantes.

"El 'Clamor de Medianoche' fue proclamado por miles de creyentes. Como marea creciente, el movimiento se extendió por el país...El fanatismo desapareció ante esta proclamación como helada temprana ante el sol naciente... Ocasionó un gran desapego de las cosas de este mundo, hizo cesar las controversias y animosidades, e impulsó a confesar los malos procederes... Fueron enviados ángeles del cielo para despertar a los que se habían desanimado, y para prepararlos a recibir el mensaje... No fueron los de mayor talento, sino los más humildes y piadosos, los que oyeron y obedecieron primero al llamamiento. Los campesinos abandonaban sus cosechas en los campos, los artesanos dejaban sus herramientas y con lágrimas y gozo iban a pregonar el aviso. Los que anteriormente habían encabezado la causa fueron los últimos en unirse a este movimiento. Las iglesias en general cerraron sus puertas a este mensaje, y muchos de los que lo aceptaron se separaron de sus congregaciones....Iba acompañado de un poder que movía e impulsaba al alma". (*Conflictos de los Siglos*, p. 451-455).

No se requiere profundidad de pensamiento para descubrir la causa del fracaso del sistema educativo de las denominaciones protestante para entrenar a hombres y mujeres para que participasen del Clamor de Medianoche. El plan entero de educación de aquella época, sin incluir el movimiento de reforma que fue destrozado en su mayor parte por la presión de los líderes de las iglesias populares, era hacer a los hombres conservadores, miedosos de dejar la senda trillada, y por supuesto "las iglesias en general cerraron sus puertas a este mensaje". Por otra parte, unas pocas escuelas devotas, ministros y reformadores educativos, habían entrenado a una pequeña compañía a apreciar el privilegio de ser gobernado por el Espíritu de Dios como está revelado en Su palabra. Habían practicado lo que se les había enseñado en cuanto a autonomía, hasta que estuvieron dispuestos a seguir la dirección del Espíritu. Esto muestra que la verdadera autonomía no significa "has como te plazca"; significa que el yo estará gobernado por la Palabra de Dios. Mientras que esta compañía era echada de las organizaciones de las iglesias, mientras que dejaban sus cosechas, sus herramientas, sus empleos anteriores de toda clases para participar en lo que parecía para aquellos que no habían aprendido a ser autónomos como un movimiento fanático, aun de tal compañía brotó la admirable iglesia Adventista del Séptimo-día. Y esta iglesia está llamada a poner delante del mundo un sistema de escuelas, instituciones y organizaciones de cristianos autónomos, tal como este mundo nunca lo ha visto antes.

EL CARÁCTER capaz de llevar adelante el Clamor de Medianoche tenía que desarrollarse en las escuelas de entrenamiento manual, o en la escuela de los caminos comunes de la vida. El líder de este movimiento, Guillermo Miller, "el profeta agricultor", al igual que Cristo y Juan el Bautista, fue educado en la segunda, la escuela de los caminos comunes de la vida. Su biógrafo, un hombre bastante calificado para juzgar el valor del sistema educativo popular de las iglesias, escribió: "¿Cuál habría sido ahora el resultado de lo que se llama un curso regular de educación? ¿Lo habría pervertido, como ha pervertido a miles? O ¿Lo habría convertido en un instrumento de mayor bien en la causa de Dios? ¿Habría desarrollado el sistema educativo su obra asignada, esa de disciplinar, engrandecer, y suplir la mente, dejando intacto en el proceso su energía natural, su sentido de dependencia y responsabilidad hacia Dios? O ¿Lo habría colocado en las masas apiñadas de aquellos que están contentos de compartir el honor de repetir tonterías, verdadera o falsa, que pasan como verdad en la escuela o secta que los ha hecho lo que son? Nosotros pensamos que habría sido difícil pervertirlo; pero donde tantos que han sido considerados como muy promisorios han sido estropeados en la operación, él habría estado en gran peligro. Él pudiera haberse convertido externamente en un mejor sujeto para el artista; pero *dudamos que hubiera sido un mejor sujeto para ser usado como un instrumento de la Providencia.* Hay quienes sobreviven el curso regular sin daños; hay quienes se benefician del curso, hasta ser levantado al nivel de la gente de capacidad ordinaria, a la cual nunca hubiera llegado sin ayuda especial. Y hay una tercera clase, que son una representación estereotipada de lo que el curso los hace; si levantan un compañero del fango, nunca lo llegan más cerca del cielo que a la escuela donde fueron educados. Cualquiera que pudiera haber sido el resultado de cualquiera curso de educación establecido en el caso de Guillermo Miller, tal curso estuvo más allá de su alcance; estuvo privado de su beneficio, *escapó de la perversión".* (Miller, p. 15-16).

Este es ese Guillermo Miller, "el profeta agricultor", quien más tarde le trajo el mensaje del primer ángel a Oberlin. La futilidad de depender de hombres que no han sido entrenados para ser autónomos ha sido vista en la experiencia del clamor de media noche. Cada Adventista del Séptimo-día se está acercando a su prueba final, tal como las iglesias protestantes se allegaron a la suya en 1844. La nuestra llegará con el Fuerte Clamor, la lluvia tardía. Aquellos que carezcan de entrenamiento de autonomía, aquellos incapaces de depender de sus propios esfuerzos para apoyarse, que no están haciendo de la Biblia la base de su estudio, y la fisiología la base de todo esfuerzo educativo; todos aquellos que, en otras palabras, "no entiendan la verdadera ciencia de la educación" no tendrán parte en el reino de Dios o en el Fuerte Clamor. EL CARÁCTER QUE SE NECESITA PARA EL FUERTE CLAMOR ES SIMILAR AL DEL CLAMOR DE MEDIANOCHE: — "Así también será proclamado el mensaje del tercer ángel. Cuando llegue el tiempo de hacerlo con el mayor poder, el Señor obrará por conducto *[por medio]* de humildes instrumentos, *dirigiendo* el espíritu de los que se consagren a su servicio. Los *obreros serán calificados [habilitados] más bien por la unción de su Espíritu que por la educación en institutos de enseñanza.* Habrá hombres de fe y de oración que se sentirán impelidos a declarar con santo entusiasmo las palabras que Dios les inspire" (*Conflictos de los Siglos*, p. 664).

Las escuelas jesuitas enseñaban a sus estudiantes obediencia ciega. En relación con su conducta no se le requería al alumno ir a Dios en busca de sabiduría. El maestro asumía esa responsabilidad. La verdadera autonomía, la cual puede ser definida como poner la conducta propia en armonía con los principios de Dios tal como están expresados en Su Palabra, era absolutamente descuidada. Los terribles efectos del sistema papal de disciplina escolar se han vistos durante el mensaje del primer ángel. Aquellos estudiantes que siguieron ciegamente a los maestros en vez de seguir los principios de Dios estaban atados por costumbres, tradiciones, organizaciones y líderes en un tiempo cuando el Espíritu de Dios los estaba llamando a seguir la verdad. Como un preparativo para el Fuerte Clamor, se nos dijo: "El plan de las escuelas que hemos de establecer en estos años finales del mensaje debe ser de un orden completamente diferente del seguido en las que hemos instituido" (*Consejos para los Maestros,* p.518).

"EL OBJETIVO DE LA DISCIPLINA es educar al niño para que se gobierne solo [autonomía]... No habiendo aprendido jamás a gobernarse, el joven no reconoce otra sujeción fuera de la impuesta por sus padres o su maestro. Desaparecida ésta, no sabe cómo usar su libertad, y a menudo se entrega a excesos que dan como resultado la ruina... No debería hacérseles sentir que no pueden salir o entrar sin que se los vigile... Hágase sentir a los jóvenes que se les tiene confianza y pocos serán los que no traten de mostrarse dignos de ella... Según el mismo principio, es mejor pedir que ordenar; así se da oportunidad a la persona a quien uno se dirige de mostrarse fiel a los principios justos. Su obediencia es más bien resultado de su propia decisión que de la obligación. En todo lo posible, las reglas que rigen en el aula deberían representar la voz de la escuela... De ese modo se sentirá responsable de que se obedezcan las leyes que él mismo ayudó a formular. Las reglas deberían ser poco numerosas pero bien meditadas; y *una vez promulgadas, se deberían aplicar...* Los que desean dominar a otros deben primero dominarse a sí mismos". "La cooperación debería ser el espíritu del aula, la ley de su vida... Ayuden los mayores a los menores, los fuertes a los débiles y, en cuanto sea posible, llámese a cada uno a hacer algo en lo cual sobresalga. Esto estimulará el respeto propio y el deseo de ser útil. (*La Educación*, p. 279-283, 277).

JEFFERSON, EL PADRE DE LA DEMOCRACIA, sabiendo que la autonomía no era enseñada en las escuelas de sus días, y que la democracia no podía existir en el Estado a menos que sus principios fueran primero enseñados y practicados en la escuela, introdujo este principio en la Universidad de Virginia. "Es muy bien sabido que en la Universidad de Virginia existe un extraordinario sistema de autonomía estudiantil, por el cual una moral alta y un tono varonil de confianza en sí mismo ha sido exitosamente mantenido. La autonomía se pone en contraste con lo que se llama 'espionaje profesional'. La autonomía estableció un espíritu de cooperación franco y amable entre maestro y estudiante. Reprimió toda práctica deshonesta de engañar en los exámenes y las recitaciones, y promovió un espíritu de independencia y respeto propio". (Jefferson, p. 94).

OBERLIN descubrió que para el entrenamiento de misioneros genuinos le era necesario desarrollar un sistema de autogobierno. En Oberlin "el sentir democrático, el espíritu de igualdad, la ausencia de clases y castas basadas en meras distinciones artificiales, es notable... La facultad nunca buscó imponerse a los estudiantes por ser ellos superiores, ni nunca insistieron en una demostración particular de honores, reverencia, ni incluso respeto. Jugaron el rol de hermanos mayores de sus alumnos. Los títulos eran desconocidos, y los estudiantes se dirigían a sus maestros como 'Hermano Finney' o 'Hermano Mahan.' El autogobierno era el ideal. Los jóvenes agrupados debían aprender a cómo usar la libertad al ser dejados libres. Un sentir público debía ser la fuerza controladora... Cada individuo tiene completa libertad de hacer lo mejor de sí mismo, y de mantenerse en pie por lo que posee de valor en su corazón o en su cerebro. En los últimos años se introdujeron consignas escolares, colores de cursos, y ocasionalmente sombreros, bastones, y cosas parecidas; a raros intervalos, vestimentas escolares, pero bajo el consenso del buen juicio y del buen gusto, pero sin salirse de las modas del vestido aceptadas por doquiera en la buena sociedad". (Oberlin, p. 399).

EN OBERLIN, "los reglamentos son pocos. Jamás se recurrió a la estricta vigilancia personal. El estudiante mayormente es dejado bajo su propia responsabilidad, con el entendimiento de que su disfrute ininterrumpido de los beneficios que le brinda la escuela dependerá de su comportamiento satisfactorio... Nunca se adoptó ningún sistema de monitoreo. Cada joven reportaba semanalmente por escrito a su profesor encargado su éxito o fracaso en atender a los deberes asignados. Las señoritas reportaban a su maestra principal" (Fairchild, pp. 263-265). Esto suena parecido a lo siguiente: "Debe impresionarse a los jóvenes con la idea de que se les tiene confianza. Tienen un sentido del honor y quieren ser respetados, y en esto están en su derecho. Si los alumnos reciben la impresión de que no pueden ni salir ni entrar, sentarse a la mesa o estar en cualquier lugar, aun en sus habitaciones, a menos que se los vigile, un ojo crítico esté sobre ellos para criticar y reportarlos, esto tendrá la influencia de desmoralizarlos y un pasatiempo no les proporcionará placer. Este conocimiento de una vigilancia continua es más que una tutoría paternal y mucho peor... Pero esta vigilancia continua no es natural y produce los males que está procurando evitar". *Conducción del Niño*, pp. 209-210.

HORACE MANN Y LA AUTONOMÍA: — En aquellos días en que las denominaciones protestantes estaban sellando su destino eterno, cuando estaban decidiendo si iban a escuchar el mensaje mundial del juicio, y estar preparadas para el Clamor de Medianoche, hombres tales como Horace Mann escribieron: "Uno de los objetivos más altos y valiosos al cual la influencia de una escuela puede conducir, es entrenar a nuestros niños a que se gobiernen solos [que tengan autonomía]".

El Señor Mann tuvo la siguiente experiencia en su trato con los estudiantes. Le dio a entender a los jóvenes "que él esperaba que ellos fueran sus propios policías". "Cuando un tutor que había vivido en el dormitorio de varones para mantener el orden fue cambiado por una maestra, el Señor Mann recurrió a la clase graduada un día después del servicio en la capilla para saber si ellos no eran suficientemente fuertes en fuerza moral como para cuidar del dormitorio sin tal supervisión. Se pusieron de pie simultáneamente, aceptaron la confianza en ellos con gozo y seguros de sí mismos, mantuvieron el dormitorio bien cuidado, y transmitieron su espíritu a sus sucesores". El señor Mann, sin embargo, estuvo siempre alerta para ayudar a estos estudiantes autónomos con palabras de precaución, o por medio de advertencias sobre problemas venideros. "Después de esto era el orgullo y el placer del señor Mann caminar por el dormitorio de varones a cualquier hora del día o de la noche, y llevar visitas consigo para convencerlos que un verdadero espíritu de honor y fidelidad puede ser evocado de los jóvenes" a través del autogobierno o la autonomía. En una ocasión él escribió: "Nuestro dormitorio, casi lleno en su mayoría de estudiantes varones, no tiene tutor o preceptor. A las horas de estudio, es tan silenciosa como su casa. No tenemos alboroto, ni juegos de apuestas, ni juego de barajas, naipes, y hemos sacado casi totalmente el tabaco y la profanidad" (Mann, Vol. 1, 438, 515).

"Ve a la hormiga, oh perezoso Mira sus caminos, y sé sabio;
La cual no teniendo capitán, Ni gobernador, ni señor,
Prepara en el verano su comida Y allega en el tiempo de la
siega su mantenimiento". Prov. 6:6-8.

11. ENTRENAR MISIONEROS QUE SEAN DE SOSTÉN PROPIO — UN MOVIMIENTO MISIONERO DE LAICOS

Era el plan divino que el Clamor de Medianoche y el mensaje del tercer ángel fueran llevados a cada nación, tribu, lengua y pueblo. Dios deseaba un ejército entrenado para llevar adelante esta religión práctica a un mundo que había sido educado alejado de la orden evangélica por el sistema pagano y papal de educación.

Hemos visto que la educación cristiana, como fue desarrollada por los reformadores educativos en cada denominación protestante, hizo posible un poderoso movimiento de laicos. Podemos entender cómo estos misioneros de sostén propio podrían rápidamente llevar el mensaje al mundo. Fue el esfuerzo estudiado de Satanás frustrar este movimiento laicos de sostén propio. Él alcanzó sus resultados deseados al exaltar la literatura mundana a un lugar superior al de la Biblia; al consumir prácticamente todo tiempo del estudiante en esfuerzo mental, y guiarlo a despreciar la educación práctica o manual; al guiarlo a una sustitución gradual del atletismo, los deportes y juegos por el trabajo manual. Satanás se ha empeñado en engañar a los escogidos: la iglesia remanente.

Las denominaciones protestantes no pudieron "llevar el mensaje de la verdad presente en toda su plenitud a otros países", porque primero no "rompieron todo yugo" de educación mundana; no "vinieron a la filas de la educación verdadera" no "educaron para preparar a un pueblo que entienda el mensaje, y luego dé el mensaje al mundo" (Madison School, p. 28).

MAESTROS Y ALUMNOS DE SOSTÉN PROPIO: — Los alumnos de estas escuelas [de los profetas] se sostenían cultivando la tierra o dedicándose a algún trabajo manual... Muchos de los maestros religiosos se sostenían por el trabajo de sus manos. (*Patriarcas y Profetas,* pp. 643-644). "Se deben establecer escuelas fuera de las ciudades donde, los jóvenes aprendan a cultivar el suelo y así, ayudar a hacerse a sí mismo y a la escuela de sostén propio... Hay que reunir medios [recursos] para el establecimiento de tales escuelas" (*Testimonios para la Iglesia,* t. 7 pp. 220-221). "La presentación en nuestras escuelas no debe ser como ha sido en el pasado introduciendo muchas cosas como esenciales que son de menor importancia" (Unpublished Testimonies, *Testimonios no publicados,* Enero 9, 1909). "Vuestra escuela debe ser un ejemplo de cómo el Estudio Bíblico, la educación general, la educación física, y la obra de sanatorio puede ser combinada en muchas escuelas más pequeñas que serán establecidas con simplicidad en muchos lugares" (Unpublished Testimonies, *Testimonios no publicados,* Enero 6, 1908). "Necesitamos escuelas que sean de sostén propio, y esto se puede lograr si los maestros y alumnos son útiles, laboriosos y económicos... Se deben hacer sacrificios a cada paso" (Unpublished Testimonies, *Testimonios no publicados,* Enero 24, 1907).

TRABAJO PARA LOS LAICOS DE SOSTÉN PROPIO: — "Está llegando el tiempo cuando el pueblo de Dios, a causa de persecución, será esparcido por muchos lugares, y aquellos que hayan recibido una educación completa tendrán una gran ventaja doquiera estén" (*Madison School*, p. 34). El apóstol Pablo "Ilustró de una manera práctica lo que pueden hacer los laicos consagrados en muchos lugares..., Hay un gran campo abierto ante los obreros evangélicos de sostén propio... Recibió del cielo su comisión, y del cielo espera su recompensa cuando haya terminado el trabajo que se le ha confiado" (*Hechos de los Apóstoles*, p. 286-287).

Muchos reformadores educativos de la época anterior al 1844 fueron impresionados por el Espíritu de Dios a impartir una educación práctica de manera que sus estudiantes pudieran verse libres para llevar la verdad a cualquier campo al cual Dios pudiera llamarlos. Estos reformadores vieron que el sistema educativo en boga en las iglesias protestantes era totalmente inadecuado para preparar a un misionero que se atreva a llevar una verdad impopular en oposición a la voluntad de los líderes de esas denominaciones. "El profesor Finney, del colegio de Oberlin, dijo: 'Hemos podido comprobar el hecho de que en general las iglesias protestantes de nuestro país, han sido o apáticas u hostiles con respecto a casi todas las reformas morales de la época... las iglesias en general están degenerando de un modo que da pena. Se han alejado muchísimo de Dios, y él se ha alejado de ellas'. Pero las iglesias en general no aceptaron la amonestación. Sus ministros... no habían aprendido la verdad, fuese por el testimonio de los profetas o por las señales de los tiempos... La *circunstancia de ser predicado el mensaje mayormente por laicos*, se presentaba como argumento desfavorable... Multitudes que confiaban implícitamente en sus pastores, se negaron a escuchar el aviso". (Elena de White, *El Conflicto de los Siglos*, p. 427, 430).

CIENTOS DE MISIONEROS DE SOSTÉN PROPIO fueron enviados por este mismo profesor Finney de Oberlin quien "estableció el sorprendente dictamen un poco exagerado de que nadie era idóneo para ser misionero si no estuviese dispuesto, a salir para las Montañas Rocosas con tan sólo una mazorca de maíz en su bolsillo" (Oberlin, p. 328). Este era el espíritu de fe y atrevimiento que fue despertado en los corazones de los estudiantes a quienes se les enseñaba a ganarse la vida por medio del cultivo de la tierra.

LA SOCIEDAD EDUCATIVA AMERICANA era el departamento educativo de la denominación Congregacional, y su trabajo era supervisar todas las instituciones educativas de esa denominación. Oberlin fue establecida por hombres piadosos de la iglesia Congregacional que deseaban hacer de su escuela un medio para entrenar misioneros Congregacionalistas. "Algunos de los candidatos para el ministerio solicitaban ayuda financiera a esa organización... paso que los administradores se negaron a apoyar, pero después, de mala gana y de manera fea concedieron... Oberlin entró en una lucha prolongada con la Sociedad Educativa Americana cuya causa provocativa residía en ciertas ideas acariciadas por los fundadores, fundamentalmente, *aquella relacionada con la idea de que el sostén-propio* se lograría fácilmente a través de la virtud soberana del trabajo manual".

LOS ESFUERZOS DE OBERLIN PARA ENTRENAR A MISIONEROS DE SOSTÉN PROPIO, fueron atacados por la universidad de Hudson, una escuela Congregacionalista que intentó perjudicar la influencia de Oberlin en la denominación. "Aquí se hallaba una oportunidad demasiado buena como para que Hudson la dejara pasar". En enero de 1837 llegó esta crítica injusta de Hudson: "cuando Oberlin se inició se dijo que los estudiantes se sostendrían a sí mismo, no necesitando así ayuda. Operó en contra de la Sociedad Educativa, y muchos se negaron a contribuir, así que cuando Oberlin se convenció de que su plan era visionario, y buscó ayuda para sus estudiantes, la Junta les pidió que dijesen con franqueza que Oberlin no era de sostén propio, para desengañar al público de tal idea. Esto no se ha hecho. Lamentamos que ellos no digan claramente 'nos somos de sostén propio.' Así que ahora parece que los estudiantes de Oberlin no pueden ganar más dinero que otros y que necesitan tanto ayuda como los otros. Así que el trabajo manual de Oberlin no es mejor de lo que es en otras partes". (Oberlin, pp. 249-250).

Oberlin nunca fue la predilecta de sus instituciones hermanas y "se la hacía aparecer como el alborotador de Israel, un Ismaelita. Las Universidades de Lane y de Hudson tenían una querella. Aquí está un intruso desvergonzado, un cazador ilegal de nuestras reservas" (Oberlin, p. 150). Esto se decía a causa del "éxodo al por mayor de estudiantes que habían llegado en multitud a la escuela de Shipherd". Los líderes de Lane y de Hudson sentían "que en todas las cosas ellos eran conservadores, mientras que en Oberlin eran extremistas. Sí, y sin embargo Oberlin estaba llena de estudiantes". Y todo esto a pesar de que "Oberlin luchó con todas sus fuerzas para restaurarles a las iglesias la política puramente democrática de Nueva Inglaterra. Por lo tanto, por una enormidad de bien, Oberlin fue aborrecida y echada afuera como una despreciada vil". "Se dice que Oberlin es de trabajo manual, pero también Hudson lo es. Se dice que sus estudiantes vienen del este, pero ¿por qué deben alejarse de las instituciones excelentes, ya probadas, ricamente favorecidas, y bien administradas, en los estados más viejos para obtener una educación en un instituto flaco, pobremente amueblado en los bosques del estado de Ohio? ¿Por qué deben ser los estudiantes importunados a dejar las instituciones donde están para ir Obelin, como entiendo ha sido extensamente el caso en esta región?" Así decían los críticos de Oberlin.

LOS ADMINISTRADORES DE OBERLIN SINTIERON PROFUNDAMENTE ESTOS ATAQUES de sus propios hermanos que ocupaban puestos de liderazgo. Las acusaciones no eran verdad. Oberlin estaba enviando cientos de misioneros de sostén propio a los indios, a los montañeses del sur de Estados Unidos, a los negros libertos, y a otros campos necesitados. Esto impulsó al presidente a contestar: No nos sentimos llamados a decir o hacer nada. A nosotros no nos importa mucho si la Sociedad auxilia o no a nuestros estudiantes. Si necesitamos ayuda nosotros la podemos conseguir". "De esta manera estigmatizada y desechada ¿qué pudieran Oberlin y sus amigos hacer sino organizar una sociedad educativa propia?... Oberlin fue acusada a lo largo y a lo ancho con el pecado de cisma, con ser la enemiga a la unión de la iglesia, de tirar con poder y fuerza para derrumbar el *status quo* eclesiástico... El destino actual de Oberlin era ser desechada como una vil, y si no fuera por la existencia de la asociación y otros cuerpos subordinados afilados con Oberlin, sus estudiantes hubieran quedados incapacitados para asegurar una licencia o una ordenación.

En 1839, la iglesia congregacional colocó esta pregunta concerniente a Oberlin en su periódico eclesiástico: "¿Asistirán los jóvenes allí esperando obtener una educación completa, clásica, teológica? ¿Serán recibidos por las iglesias como pastores o como misioneros? ¿Existe alguna obligación de ayudar a Oberlin como está ahora constituida?"

En 1840, dos estudiantes de Oberlin "pidieron obtener licencia, y su caso fue remitido a un comité, el cual sin la menor duda, simplemente preguntó si ellos creían en las doctrinas enseñadas en Oberlin y en su manera de hacer las cosas. Rehusado contestar a una pregunta como esta, la cambiaron finalmente a esta: '¿Creen ustedes en general que Oberlin es una buen institución, o que es una maldición para el mundo?' Entonces confesaron que ellos pensaban que era buena, y que también creían que el comité pensaría igual si tan solo se pasaran una semana allá". La licencia fue negada a estos estudiantes de Oberlin. (Oberlin, pp.251-255).

LA CONFERENCIA CONGREGACIONAL tomó entonces esta acción en contra de Oberlin: "Consideramos que es inconveniente para nuestras iglesias emplear ministros que se sabe que abrigan las ideas de Oberlin". En 1841 la conferencia de Ohio trajo a colación esta pregunta: "¿Pasará como aceptable el bautismo si es administrado por un hombre de Oberlin?" La pregunta fue referida a un comité que respondió: "Las ideas de Oberlin son extremadamente peligrosas y corrompedoras, y estos predicadores no debieran ser recibidos por las iglesias como ministros ortodoxos, ni tampoco sus miembros debieran ser admitidos en la comunión". En 1844 la Conferencia General de New York condenó la herejía y censuró la conferencia Genessee por pasarla por alto... La Junta Americana despidió a dos nobles misioneros, Bradley y Casswell en la ciudad de Siem por las mismas razones... La Convención de Cleveland se celebró ese mismo año, pero la conferencia con la cual la iglesia de Oberlin estaba conectada, no fue invitada a participar de las deliberaciones. El señor Finney y el Presidente Mahn de Oberlin estaban presentes, pero una moción para que ellos fueran invitados como miembro correspondiente fue rechazada por una mayoría considerable como testificó un delegado. La mayor parte del tiempo se gastó denunciando a Oberlin, y el objetivo principal de la convención pareció ser destruir su influencia, y para excluirla del gremio de la ortodoxia.

SE FORMA LA ASOCIACIÓN MISIONERA AMERICANA: — Al salir los hombres de Oberlin como misioneros al noroeste, se vio necesario crear la Sociedad Misionera Evangélica Occidental para enviarlos y apoyarlos, y cuando tomaron a su cargo la obra a favor de los negros ya sea en Ohio, Canadá o las Indias Occidentales o África, se requirieron otras organizaciones, las cuales en 1846, se convirtieron en la Asociación Misionera Americana, la cual también cubrió los campos locales como también los campos extranjeros en sus operaciones... Los malos sentimientos los cuales eran bastante prevalentes y ampliamente difundidos encontraron expresión en lenguajes como este: Un delegado de la convención de Cleveland dijo: 'La influencia de Oberlin es peor que la del catolicismo romano.' El presidente de la Universidad de Michigan públicamente admitió la creencia de que 'la teología de Oberlin era casi diabólica.' Aún otro hermano dijo: 'Hermanos, odio a Oberlin casi tanto como odio a la esclavitud, y ustedes saben que odio la esclavitud tanto como odio al diablo".

CUANDO LOS ESTUDIANTES DE OBERLIN SOLICITARON A LA SOCIEDAD EDUCATIVA AMERICANA para ser enviados como misioneros a los indios, la Sociedad respondía: "No podemos. Ustedes son buenos hombres, y nosotros les deseamos lo mejor, pero no lo haremos". En otra ocasión "la Junta instruyó a uno de sus misioneros a tener cuidado de cómo se asociaba con los hombres de Oberlin en términos de intimidad demasiado grande, no sea que sean envenenados por sus influencias". Un estudiante de Oberlin había aplicado por una posición como ministro en una iglesia congregacional. La Junta examinadora le preguntó "si estando ya instalado, ¿le permitiría usted al presidente Mahan o al Profesor Finney de Oberlin predicar en su púlpito? Y como respondió que sí, la mitad del día se consumió considerando si deberían continuar con el examen. Cuando uno habló de los hermano de Oberlin otro dijo: 'No son hermanos, son extraterrestres' y casi toda la junta simpatizó con esta declaración" (Oberlin, pp. 249-265).

Oberlin estaba siendo bautizada con fuego. Estas experiencias fueron tomadas, en su mayor parte, con un espíritu amable. Atendieron a sus propios asuntos y despacharon una corriente constante de misioneros vivos, entusiastas, exitosos, salvadores de almas. Estaban comenzando a apreciar la verdad de esta declaración hermosa acerca de la educación cristiana: "Cuando alcancemos la norma que el Señor quiere que alcancemos, los mundanos considerarán a los Adventistas del Séptimo-dio como extraños, singulares, extremistas" (Elena White,

R&H, enero 9, 1894). "Quiero que te guardes de un punto; no te molestes fácilmente por lo que otros puedan decir. Sabed que estás en lo correcto, y entonces proseguid... No te turbes por las opiniones aquellos que hablan por hablar." (Elena de White, *Unpublished Testimonies.*, Julio 18, 1892). Recuerda que la Sra. White se refiere a la historia de Oberlin en la institución estaba pasando por estas experiencias cuando dijo: "las iglesias en general están degenerando de un modo que da pena. Se han alejado muchísimo de Dios, y él se ha alejado de ellas" (*Conflictos de los Siglos,* p.427).

Si Oberlin hubiera cedido a las demandas de la iglesia; si no se hubiera esforzado a obedecer a Dios aun bajo dificultades, nunca hubiera alcanzado lo que logró. Porque fue a razón de estas experiencias que logró colocar más misioneros entre los libertos esclavos que todas las otras escuelas juntas. El Espíritu del señor ayudó a los maestros de Oberlin a reconocer bajo las condiciones de aquel tiempo el principio contenido en la siguiente declaración: "No es la voluntad del Señor que la obra del sur esté confinada a las líneas regulares establecidas. Se ha descubierto que es imposible confinar la obra a estas líneas y tener éxito. Obreros llenos diariamente con el celo y la sabiduría de lo alto deben trabajar mientras son guiados por el Señor, no esperando recibir su comisión de los hombres" (Elena White, *Selections from the Testimonies*, p.62)

UN ESTUDIANTE DE TRABAJO MANUAL DE OBERLIN LLEGA A SER PRESIDENTE: — La experiencia del profesor James H. Fairchild, quien estuvo en contacto directo con Oberlin por más de sesenta años, primero como un estudiante y luego como maestro, da testimonio del hecho de que Oberlin si hace posible que los estudiante fueran de sostén propio. El profesor Fairchild escribió: "Una razón muy obvia para escoger esta institución fue mi limitaciones financieras". Hablando de sí mismo cuando tenía diecisiete años dice: "Mis padres podían prescindir de mí en la finca, pero no podían proveer dinero ni siquiera para el costo de la enseñanza. Oberlin era una escuela de trabajo manual, y mi hermano y yo, tomando las primeras clases juntos, éramos estudiante de trabajo manual. Cuando llegamos por primera vez se nos puso a cargo de cortar madera en el molino, cuatro horas al día, a cinco centavos la hora. Esto proveyó para nuestros gastos el primer año. El siguiente y el resto de años trabajamos como carpinteros y como ensambladores en los edificios de la escuela y las casas de la colonia. Por medio de tales trabajos, reforzados por el salario de enseñar en vacaciones, ganamos abrirnos el paso a través de todo el curso, sin ningún sentido de necesidad o fatiga, ni de ningún obstáculo para nuestro estudio, o para nuestra preparación general para la obra de la vida". (Oberlin, p. 290).

Este joven fue un estudiante de teología, y junto con otros salió a las iglesias como un ministro de sostén propio. Esta fue la preparación que recibió que lo capacitó para ocupar primero un lugar como instructor en Oberlin, y más tarde como Presidente de la institución con la cual él pasó su vida.

SALARIO: — El carácter de los maestros que da a los estudiantes una inspiración para la obra de sostén propio está de esta manera descrita en la persona de un profesor de Oberlin: "Su piedad es más como la del Maestro divino que lo usual; trabaja con su fuerza para hacer bien en la escuela y fuera de ella; su educación, aunque no colegiada, es suficientemente extensa; *es un hombre de trabajo manual; no enseña por dinero sino para hacer el bien; está profundamente preocupado por el oeste*". Con relación al salario de este hombre, un miembro de la Junta escribió:

"Aconsejo que le ofrezcan $400.00 [anual] con el uso de una casa y unos pocos acres de tierra, paja para su caballo y dos vacas, y su madera". Acerca de los fundadores de Oberlin se dice: "Estas almas abnegadas y desinteresadas se ofrecieron a la institución sin salario por cinco años" (Oberlin, p. 209). Oberlin pudo ser de sostén propio, en parte porque redujo el tamaño de la facultad utilizando estudiantes como maestros, y en parte porque los miembros de la facultad estuvieron dispuesto a sacrificarse en lo que a salario se refiere.

LOS ESTUDIANTES que buscaban una educación en una institución tal eran tan fuertemente peculiares como los maestros. Acerca de los alumnos de Oberlin se dice: "Con sus propios músculos se abrían paso al ministerio. La mayoría comparativamente eran de edad madura, mientras que otros pasaban los treinta...Era un clase noble de jóvenes, insólitamente fuertes, un poco incivilizados, totalmente radicales, y muy fervorosos" (Oberlin, p. 132).

MISIONEROS DE SOSTÉN PROPIO: — Estas escuelas estaban luchando con los problemas de la educación verdadera, todas lo estaban, entrenando misioneros y evangelistas. Sostenían un objetivo definido delante de sus alumnos, la ocupación de la vida la cual llama a la abnegación y a la devoción. Esto en sí mismo le ponía celo y vida a la obra de los maestros y de los alumnos. El mundo se acercaba al año más trascendental de la historia. El mensaje del juicio había de darse. Su intensidad se apoderaba de los hombres en cada etapa de la vida. Los estudiantes de estas escuelas estaban despiertos a los grandes interrogantes sociales de la época, y en lugar de gastar su tiempo y energía en el estudio de la literatura clásica muerta, y otras materias no prácticas que tienen poco o ningún valor en el entrenamiento de obreros cristianos, ellos estaban tratando con problemas reales que demandaba actividad al igual que reflexión. Por ejemplo, los estudiantes de Oberlin se estaban dedicando a la obra entre los indios. Estaban educando a la gente de color; Estaban enviando obreros a los distritos montañosos del sur, incluso a las islas del mar. "En cada vacación larga muchos de los estudiantes de Oberlin se abrían paso hacia el sur de estado de Ohio donde estaban los pobres de color y les desparramaban simpatía y compasión, recibiendo sólo los indispensable para vivir".

"En 1836, Hiram Wilson, un estudiante de la universidad de Lane, se fue al norte de Canadá para trabajar entre los veinte mil libertos que había huido de la esclavitud a este lugar de refugio. Estaban en profunda pobreza e ignorancia. Hiran Wilson dedicó su vida a la tarea de cristianizarlos y de educarlos. Al cabo de dos años, había catorce maestros de Oberlin ayudándolo. En 1840 no menos de treinta y nueve estaban enseñando en escuelas para los de color en Ohio, la mitad de ellos eran jovencitas que solo recibían su pensión, y como muchos otros en Canadá". Fue esta experiencia que preparó a estos jóvenes para hacer una obra muy eficiente por los libertos".

GRAN PARTE DE ESTA OBRA SE HACÍA SOBRE LA BASE DEL SOSTÉN PROPIO. "El gran número de jóvenes que salieron de Oberlin para predicar al principio, salieron como misioneros en Estados Unidos—a excepción de que ellos no recurrían a ninguna Sociedad para que ayudaran a las iglesia a pagar sus salario. No era difícil encontrar iglesias en necesidad que les dieran la bienvenida... Tal era la ignorancia y el error prevaleciente en cuanto a Oberlin, que lo más que ellos podían buscar era el privilegio de trabajar en algún campo necesitado sin ser molestados. Cada hombre estaba obligado a encontrar un lugar para sí mismo, y lentamente asegurar el reconocimiento. Bajo estas condiciones los hombres de Oberlin hallaban su trabajo y esperaban por un día más brillante".

MISIONEROS HACIA CUBA: — En 1836 un estudiante buscando un clima más cálido por razones de salud, se fue a Cuba. "Puesto que era un mecánico diestro encontró fácilmente el sostén propio, y mientras estuvo allí concibió la idea de llevar a cabo una misión para los negros de Jamaica en forma independiente sin ninguna asistencia externa". Una de las misiones en Cuba fue llamada Oberlin. "Por quince años el llamado por misioneros continuó, y fue escuchado, hasta que un total de treinta y seis salieron. Por muchos años, estos muy sufridos hombres y mujeres, aparte de la miseria que los ex esclavos podían darles, dependían casi totalmente de la labor de sus propias manos. Además, construían sus propias viviendas como también capillas y escuelas".

OBERLIN ESTABA ENTRENANDO HOMBRES PARA PROCLAMAR UN MENSAJE IMPOPULAR, y estas experiencias eran parte de su entrenamiento. "Uno a dos años de abnegación y de labor eficiente con alguna iglesia necesitada y sin ayuda, eran la prueba usual para una posición ministerial reconocida. Los estudiantes de teología que salían a predicar no encontraron sociedad misionera alguna que los guiasen a las puertas abiertas, y que le asegurasen compensación por el servicio. Iban a donde la predicación parecía necesitarse, y a menudo regresaban con las manos tan vacías como se habían ido, a excepción de la amistad y la gratitud de aquellos a quienes les habían llevado la obra del evangelio." Hoy uno pudiera preguntarse ¿cómo vivían? Pero el escritor continúa diciendo: "Eran estudiante de trabajo manual y podían abrirse paso para asistir a Oberlin un año más. Esta situación tenía sus ventajas. Los hombres de Oberlin aseguraron una posición teológica propia—un derecho de nacimiento de libertad. Esta libertad puede haber venido a un alto precio, pero valía la pena tenerla" (Oberlin, pp.322-325).

Esta es una ilustración del gran principio dado a nosotros: "La cultura en todas estas cosas hará a nuestros jóvenes útiles para llevar la verdad a campos extranjeros. Entonces no tendrán que depender de las personas entre quienes vivan para cocinar, coser y edificar... Los misioneros ejercerán mayor influencia entre la gente si pueden enseñar a los inexpertos a trabajar de acuerdo con los mejores métodos y obtener los mejores resultados... Se requerirán menos fondos para sostener a tales misioneros, por cuanto, en combinación con sus estudios dieron el mejor empleo a sus facultades físicas en el trabajo práctico; y dondequiera que vayan les resultará ventajoso todo lo que hayan logrado en esa dirección". (Elena White, *Joyas de los Testimonios,* t. 2, pp. 442, 443, También en *Testimonios para la Iglesia,* t. 6, p. 180).

OBERLIN AYUDA A LOS ALUMNO A ENCONTRAR EL TRABAJO DE SU VIDA: — Oberlin "nunca estuvo de una manera tan exclusiva a favor de una cultura puramente escolásticas en su naturaleza con respecto a la enseñanza de los libros como lo estuvieron las universidades anticuadas de la época. Puso más énfasis sobre la parte práctica. El conocimiento era bueno a través de su uso... Oberlin siempre ha estado movido por el hecho de que lo que el mundo más necesita es carácter, hombres y mujeres de valor y poder genuinos cuyas metas sean desinteresadas y nobles, y que tengan al servicio como una delicia". Los maestros "estaban sobrellenos de estímulo para excitar el pensamiento y el entusiasmo... Lo superficial, lo soso, se tenía como despreciable... Las preguntas de mayor importancia eran expuestas a diario para su discusión".

(Oberlin, p. 400). Oberlin "estaba compuesto en su totalidad por personas selectas, que venían con una misión, con una carga, con un propósito definido... Uno de los primeros graduados acostumbra a decir cómo, al despedirse de la clase cuando había completado su curso en una academia de oriente, el director se compadecía de ellos por el hecho de que habían nacido tan tarde en la historia que todos las tareas realmente importante había sido ejecutadas, así que nada quedaba para ellos sino la obra innoble de ayudar a ¡mantener las ruedas del progreso moviéndose a lo largo de los viejos surcos! Pero que al entrar en la pequeña foresta clara (Oberlin) pronto descubrió que la convicción universal en Oberlin era que una multitud de preguntas importantes todavía estaban pidiendo solución; que la redención del mundo recién había comenzado".

LOS MAESTROS SON MÁS IMPORTANTES QUE LOS EQUIPOS CAROS PARA INSPIRAR A LOS ALUMNOS. "Entre los líderes de Oberlin habían hombres de admirable poder que declaraban sus convicciones de una manera tan magistral como para hacerlas sentir por todas partes. Además, estos hombres eran altamente prácticos. El pensamiento, la investigación, la opinión encontraba su meta adecuada sólo en la resolución y en la acción. Su definición de cristianismo era lo suficiente ancho como para incluir cada asunto relacionado con el bienestar humano. Año tras año levantaban e inspiraban a cientos de los que tenían las mentes y corazones más impresionables". (Oberlin, p. 298). "No digáis: 'No podemos darnos el lujo de trabajar en un campo poco poblado y principalmente a manera de sostén propio... Dios desea que cada hombre esté en su lugar y que no sienta como si la obra fuera demasiado dura" (Elena White, *Palabras de Ánimo a los obreros de Sostén Propio,* pp. 10, 14).

SE SIENTE LA INFLUENCIA DE OBERLIN: — El historiador presenta el efecto de tal entrenamiento con las siguientes palabras: "Sería difícil sobreestimar la parte que en esta obra fuera tomada por los misioneros de Oberlin. Recordemos que eran cientos al principio y pronto excedió los miles... Se esparcieron hacia el occidente, el oriente, y aun hacia el sur, siempre empujando, debatiendo preguntas, agitando. Brotaba de sus labios de manera tan naturalmente como el aliento, y no podían evitarlo... Oberlin es peculiar entre las instituciones de enseñanza del país en tener un constituyente tan grande de estudiantes imbuidos con su espíritu, pero sin su diploma; hueso y tendón del país donde quiera que estén; activo e influyente en su esfera modesta, y siempre listos para secundar los esfuerzos y para sostener la obra de los representantes más autoritativos de ella doquiera que estos apareciesen... Es difícil hallar un municipio al este de Alleghenies y al norte de la línea central de Ohio, en la cual la influencia de de los hombres Oberlin y las opiniones de Oberlin no puedan ser identificada y rastreada. Era la propaganda de una escuela de pensamiento y de acción que tenían características distintivas." (Oberlin, pp.314-315).

Tal vez no haya otra experiencia que ilustre mejor el gran poder de la gente de Oberlin, y su atrevimiento en tomar la iniciativa contra la opinión popular, que su actitud hacia el asunto de la esclavitud y de los libertos. Cuando veamos la obra hecha en este renglón, podremos apreciar mejor el valor del sistema educativo de Oberlin en los renglones de estudio de la Biblia, al descartar la literatura dañina, su indiferencia a los honores escolares, su entrenamiento manual, autonomía y sostén propio. Sin tal entrenamiento, habría sido difícil para los estudiantes de Oberlin seguir el curso que siguieron sobre el asunto de la esclavitud. Los puso en conflicto con las leyes del país, pero los estudiantes obedecieron la ley de Dios antes que a los hombres. La siguiente declaración fue declarada por un juez civil a un hombre de Oberlin que estaba en juicio por haber ayudado a un esclavo a escapar: "Un hombre de tu inteligencia debe saber que *si la norma de derecho* es colocada por encima y en contra de las leyes del país... su conducta es tan criminal tanto como su ejemplo es peligroso" (Fairchild, p. 125).

EL DESEO DE REFORMA SE AUMENTÓ POR MEDIO DE LA CORRELACIÓN: – El secreto del éxito de los maestros de Oberlin en impulsar a los estudiantes a tomar una postura sobre este debatido asunto, y colocarlos donde ellos vinieron a ser líderes de un movimiento práctico para levantar las mentes de la gente de la maldad terrible de la esclavitud como una institución, yace en el hecho de que Oberlin no condujo la obra de su clase y sus charlas según las líneas estereotipadas regulares de las escuelas que la rodeaban. Por el contrario, Oberlin *en cada ocasión correlacionaba* este tema con la obra diaria en el salón de clase. Uno de los enemigos de Oberlin entendió este secreto en aquella época y escribió: "Con la aritmética se enseña la computación del número de esclavos y su valor por cabeza; con la geografía las líneas territoriales y aquellas localidades de territorio de esclavos supuestamente favorables para la emancipación; con la historia, la crónica de la institución peculiar; con la ética y la filosofía se estudia la ley más alta y la resistencia a los estatutos federales. Por consiguiente, los graduados de Oberlin tienen una maestría (MA) en abolicionismo, y con la adquisición de su grado están preparados para ir un grado o dos más arriba si la ocasión lo requiere... Ellos se imaginan que están haciendo la obra de Dios. Puede haber alguna excusa para los estudiantes, pero no hay ninguna para sus instructores. Dudamos que exista excusa alguna para ambos. Así que, mientras Oberlin florezca y eduque

1250 alumnos por año, los abolicionistas masculinos y femeninos continuarán multiplicándose". (Oberlin, p. 265).

Siempre ha sido el plan de Dios como lo ilustraron las escuelas de los profetas, que la escuela cristiana sea el plantel en el cual nazcan y se eduquen los reformadores que saldrán de la escuela ardiendo en celo y entusiasmo práctico para tomar sus lugares como líderes de estas reformas. Su intención es que los maestros sean líderes en la reforma, poseídos de ingenuidad y adaptabilidad suficiente para efectuar una conexión vital entre cada lección y las reformas. Fue este método que hizo de Wittenberg el centro de la reforma del siglo 16.

EL TEMOR PARA ACEPTAR Y REALIZAR REFORMAS ES UNA MARCA DEL SISTEMA PAPAL DE EDUCACIÓN: — Siempre ha sido la política del papado esterilizar el cerebro de los maestros a fin de que no puedan ser impregnados con las ideas de reformas. El sistema papal de educación hace que ellos estén contentos de repetir series de lecciones a sus alumnos, como ellos las aprendieron en la escuela, sin pensamiento alguno de hacer aplicaciones prácticas. Los estudiantes, por su parte, salen para enseñar a otros la misma repetición que han aprendido, de esta manera el trillo interminable sigue su curso, siempre aprendiendo, pero nunca llegan a ningún lugar.

Macaulay describe de esta manera este sistema: "La filosofía antigua era un trillo, no un camino. Estaba compuesto de asuntos giratorios de controversias que siempre comenzaban de nuevo. Era una treta para tener mucho esfuerzo y ningún progreso... La mente humana, por ende, en lugar de marchar, meramente marcaba el paso. Tomaba tanta adversidad como fuera suficiente para llevarla adelante, pero permanecía en el mismo lugar. No había acumulación de verdad... Ha habido suficiente arado, rastra, cosecha, trilladura. Pero el granero sólo contiene suciedad y rastrojo". (M.B., p. 380).

Cualquiera escuela que, como Oberlin, tenga fuerza para impulsar a sus estudiantes a llevar una reforma a la cual Dios está llamando, debe esperar enfrentar la misma oposición amarga de parte de aquellos que están contentos con la mera forma de la educación cristiana sin el poder del Espíritu. Estos son pozos sin agua; nubes no de lluvia, palabras sin ideas, lámparas sin aceites.

LA OPOSICIÓN DESPIERTA LA INVESTIGACIÓN QUE CONDUCE A LA AMISTAD: — En los días en que Thomas Jefferson estaba enfrentando la más intensa crítica a causa de las reformas en educación que él defendía, él halló amigos para sus reformas aun en las escuelas más conservadoras. Por ejemplo, el profesor George Ticknor, un miembro de la facultad de Harvard, realizó un estudio cuidadoso de los puntos de vista de Jefferson respecto a la educación. Él sorprendió a sus amigos al viajar seis mil millas por carruaje y el lento transporte de aquella época, y soportó con paciencia la molestia de los malos caminos y la incomodidad de los malos hoteles. ¿Cuál era el propósito de este largo viaje hacia el sur? Iba para ver la nueva universidad de Jefferson que recientemente había sido abierta, y acerca de ella escribió: "que encontró el sistema más práctico que lo que él se había imaginado, encontró un experimento que bien valía la pena probarlo" (Jefferson, p. 129).

LA ASISTENCIA A OBERLIN ERA UN MISTERIO: — Hemos visto la actitud de crítica y de celo de muchos de los líderes hacia Oberlin. Fue difícil para Oberlin soportar la irritación que tan constantemente se sostenía, pero Dios miraba con placer la manera con que Oberlin le hacía frente a esta persecución. "Primeramente, no se hicieron esfuerzos para forjar o aprender a usar armas de defensas. Oberlin

marchaba adelante paciente y persistentemente, prestando
atención a sus propias cosas y realizando su propia labor a
su propia manera, segura de que su vindicación completa
llegaría eventualmente. Por otra parte, siempre tuvo el
consuelo de saber que no le faltaban admiradores y devotos
amigos, y podía ver que en muchos puntos se habían
alcanzado éxitos fenomenales. Estaba llena de alumnos de
ambos sexos. Este mismo crecimiento sorprendente y sin
precedente a pesar de la pobreza, a pesar de serios errores
y estupideces, a pesar de las huestes de enemigos cuya
fuerza unificada parecía aplastante, constituye un misterio
que el más sapiente de sus calumniadores era incapaz de
descifrarlo. Uno de ellos expresó este perplejo hecho al
Señor Finney diciendo: 'Siempre se ha entendido que una
institución no puede prosperar o lograr éxito si no cuenta
con la simpatía y la cooperación tanto de las iglesias como
de los ministros. En el caso de ustedes la mayoría de ellos o
se han estado a distancia o han sido activamente hostiles; y
sin embargo ustedes obtienen alumnos, maestros, edificios,
y donaciones mucho más que sus vecinos más afortunados.
Nosotros no entendemos esto' ". (Oberlin, p. 263).

"Ninguna institución educativa puede colocarse a
sí misma en oposición a los errores y la corrupciones de
esta era degenerada sin recibir amenazas e insultos. Pero
el tiempo colocará a tal institución sobre una plataforma
elevada teniendo la certeza de Dios de que ellos han actuado
correctamente" (Elena White, *G. C. Bulletin,* 1901, p.454).

12. SELECCIONANDO Y ENTRENANDO A LOS MAESTROS

Sin dudas, más fracasos han ocurrido a las reformas
educativas y a las escuelas, a través de la inhabilidad de sus
fundadores de seleccionar maestros que simpaticen con la

educación cristiana, y que tengan la habilidad para enseñar las ramas esenciales como son dirigidas por los ángeles quienes desean cooperar con la enseñanza de cada clase, que a través de ninguna otra debilidad. Se han empleado maestros en escuela cristianas "que pudieran pasar bien en una institución de enseñanza mundana", pero que no puede seguir el patrón divino como fue revelado a los fundadores. Por esta razón, muchas escuelas, establecidas por reformadores, se conformaron pronto a las escuelas populares.

"Dios me ha revelado que estamos en peligro positivo de traer a nuestra obra educativa las costumbre y las modas que prevalecen en las escuelas del mundo" (Elena White, *Madison School*, p.28). "No permitamos que ningún administrador, maestro o ayudante, retroceda a su viejas costumbre de permitir que su influencia negativa obstruya el plan que el Señor ha presentado como el mejor plan para la educación física, mental y moral de nuestros jóvenes. El Señor está invitando a dar pasos de avance por adelantado" (Elena White, *Unpublished Testimonies*, Dec. 27, 1901).

Oberlin fue fuertemente presionado por sus propios hermanos que ignoraban la naturaleza y el valor de la luz educativa que Dios le había revelado de manera tan generosa. Pero aunque la crítica y la presión externa fuera severa, Oberlin pudo haber llevado el plan de Dios en la preparación de un ejército de misioneros que divulgaran el Clamor de Medianoche, *si algunos de su maestros no hubieran continuado aferrándose a los principios y métodos de las escuelas mundanas.* El germen que finalmente la llevó a tambalear en su trayectoria fue plantado en sus vísceras por miembros de su propia facultad. Un solo ejemplo de los tantos que pudieran darse sería suficiente para aclarar este punto. "El profesor J. P.

Crowles nunca vio con agrado tales caprichos dietéticos; no sentía escrúpulos para ridiculizarla y de esta manera oponerse a ella, y como él mismo lo expresó, suministraba cajas de pimientas, y mantuvo las mesas suplidas con pimienta por meses, aunque luego el comité de prudencia las eliminó". La influencia de este maestro junto con otros que se oponían a la posición del presidente Finney sobre la pimienta y otros condimentos, el té, el café, las carnes, etc. y que no pudieron ver esta reforma como una cuña de entrada, se expresa así: "Bajo la presión de este pánico, se lanzaron con precipitación y apresuramiento desordenado a sus hoyas de carne; y aquí, bajo la influencia alborotadora de una infusión fresca de hierba china, del café moca, con la alborotosa comida de carne de puerco, y bebiendo el caldo de cosas abominables, tuvieron éxito impidiendo una obra de renovación necesaria" (Oberlin, 422-424).

LA OPOSICIÓN EXTERNA ES PENOSA, LA OPOSICIÓN INTERNA ES GRAVE: – La queja, la burla y las falsedades de los que estaban afuera de Oberlin, que no simpatizaban con sus reformas, eran obstáculos desagradables y graves, pero la oposición de ciertos maestro que continuamente socavaban el amor y el respeto de los estudiantes por la reforma pro salud fue fatal para el progreso de todas las reformas. Al ceder en la reforma pro salud, Oberlin comenzó a abandonar sus reformas una por una hasta que se vio incapacitada para enfrentar la prueba en el 1844. De esta manera Oberlin falló en su gran misión a la cual había sido llamada por el Primer Ángel, porque algunos de sus maestros no estaban en armonía con la educación cristiana. En aquellas reformas en que la facultad estuvo de acuerdo, Oberlin logró un récord mundial.

LA ESCUELA DE JEFFERSON finalmente perdió sus reformas porque él fue lo suficientemente tonto como para seleccionar a un número de miembros para la facultad de la Universidad de Virginia de las universidades de Europa. Tan Sabio como fue Jefferson en varios asuntos de importancia, fue débil en este punto, y se dice que "Washington objetó; él dudaba de la conveniencia de importar un personal de profesores extranjeros que pudieran estar inclinados a traer de las escuelas de Europa ideas en desacuerdo con los principios de la democracia", que Jefferson deseaba hacer básicas en su escuela. (Jefferson, p.45)

Fue por esta misma razón que los fuertes reformadores Puritanos perdieron su influencia en estos principios que hubieran preparado a sus descendientes para el Clamor de Medianoche. Establecieron un número de escuelas, como a Harvard y Yale, las cuales por muchos años fueron reconocidas como escuelas bíblicas, pero estuvieron bajo la influencia de maestros que, como hemos aprendido, le trajeron los principios papales de educación de la Oxford, Eton, y otras escuelas europeas, y esto destruyó finalmente el deseo por reforma. Si existe un punto por encima de cualquier otro punto sobre el cual se ha advertido a los Adventistas del Séptimo-día, ha sido este punto. Los despojos de la educación cristiana se han esparcidos a lo largo del camino, simplemente porque los maestros se han opuesto a las reformas como lo hizo aquel maestro de Oberlin que persistió en poner cajas de pimientas en las mesas, y ponía en ridículo a la reforma pro salud y a sus defensores. ¿Sería posible que algunos maestros Adventistas del Séptimo-Día hayan usado sus cajas de pimientas, llenas de los comentarios más picantes y alcalinos contra la reforma educativa?

"Es muy difícil adoptar principios rectos después de haber estado acostumbrado por tanto tiempo a los métodos populares. Las primeras tentativas para cambiar las viejas costumbres acarrearon pruebas severas para aquellos que querían andar en el camino señalado por Dios. Se han cometido errores, de los que han resultado grandes pérdidas. Han habido obstáculos que tendieron a hacernos andar en direcciones comunes y mundanales y a impedirnos que comprendiésemos los principios de la educación verdadera... Algunos maestros y administradores, convertidos sólo a medias, son piedras de tropiezo para otros. Ceden en algunas cosas y hacen reformas a medias; pero cuando sobreviene mayor conocimiento, rehúsan avanzar, prefiriendo trabajar de acuerdo con sus propias ideas... Los reformadores se vieron estorbados y algunos cesaron de pedir reformas. Parecieron incapaces de detener la corriente de duda y crítica... *Nos toca ahora comenzar de nuevo.* Las reformas deben emprenderse de todo corazón, alma y voluntad. Los errores pueden ser muy antiguos, pero los años no hacen del error verdad, ni de la verdad error". (Elena White, *Joyas de los Testimonios,* p. 419, 420. También en *Testimonios para la Iglesia,* t 6, p. 146).

EL ESPÍRITU DEL REFORMADO: — En los días en que las escuelas de los profetas florecieron, el hombre que tenía a su cargo estas escuelas era llamado "padre", y los estudiantes eran conocidos como "hijos". En la época del Nuevo Testamento, uno de los maestros más grande, excluido el Maestro mismo, habla amorosamente de "Timoteo, verdadero hijo en la fe" (1 Timoteo 1:2); y de "Tito, verdadero hijo en la común fe (Tito 1:4); también "hijitos míos, por quienes vuelvo a sufrir dolores de parto." Además enfatiza la diferencia entre el maestro verdadero y el instructor asalariado, diciendo: "Porque aunque tengáis diez mil ayos en Cristo, no tendréis muchos padres; que en Cristo Jesús yo os engendré por el evangelio". (1 Cor. 4:15). Es este espíritu de paternidad de parte del maestro lo que logra el éxito. Emerson ha dicho: "Una institución es la sombra alargada de un hombre". Ese hombre es el "padre".

Ya hemos visto que muchos de los fracasos de la reforma educativa hay que colocarlos a los pies de maestros tímidos, incrédulos, y conservadores; doquiera haya habido éxito genuino, y se haya producido frutos en un movimiento de reforma educativa, ustedes encontrarán uno o más maestros que han servido como padres o madres de la empresa. Como una regla *general*, debemos reconocer que una escuela la cual es forzada a tener cambios frecuentes de maestros o administradores, verá pocos resultados en caminos de una reforma educativa saludable y estable. Lutero y Melanchthon fueron los padres de Wittenberg, y mientras ellos vivieron, la institución era una potencia para la reforma en toda Europa.

JEFFERSON COMO PADRE: — A la edad de 83 años, Jefferson montaba a caballo ocho o diez millas por un áspero sendero montañoso hacia la Universidad de Virginia. "Esto muestra el profundo interés con el cual él velaba por esta *hija de su vejez*, y por qué prefería el título más cariñoso de 'padre' que el de fundador". El señor Jefferson llevó este sentimiento de paternidad hasta los últimos años de su vida, puesto que solía entretener a los estudiantes en la comida del domingo en su propia casa. "Pudieran ser jóvenes y vergonzosos, pero él sabía la provincia de donde procedían, a los hombres con quien ellos conocían, y se dio a sí mismo a la familia estudiantil tan completamente que pronto ellos se sentía como en casa" (Jefferson, p. 216).

OBERLIN TUVO PADRES: — Oberlin nunca hubiese podido haber logrado lo que logró si le hubiese faltado esta paternidad. La relación de los fundadores hacia la institución al ser ésta concebida en sus mentes está expresada con estas palabras mientras se levantaban de la oración: "Bien, el niño ha nacido, y ¿cuál será su nombre?" (Oberlin, p. 81). Su amor por este niño se manifestó de la misma manera que un padre muestra amor por sus hijos; Ellos trabajaron arduamente, se sacrificaron, y sufrieron por años sin pensar en la remuneración.

Se dice de la facultad de Oberlin: "Entre ellos existía la convicción que nadie podía menear, que la faculta debe caminar 'por fe' con respecto al salario, es decir, que la facultad no debe insistir sobre ninguna obligación legal para que se le pague una suma definida, sino que estén contentos de recibir lo que estuviera disponible en la tesorería". El espíritu de paternidad de los hombres de Oberlin se revela en la siguiente experiencia de un obrero. Él "se hallaba tan complacido con lo que él encontró del fervor religioso y la simplicidad democrática, que después de echar suerte con los colonos, trajo varios miles de dólares tomados de sus propios bolsillos o recolectado entre sus amigos. Elegido como un miembro de la junta administrativa, se excedió en las labores financieras" (Oberlin, p. 294). El espíritu de paternidad significa no sólo sacrificarse en cuanto al salario, sino también utilizar su dinero y solicitar ayuda de sus amigos.

El señor Finney también mostró esta misma relación para con la institución. Muchos trataron de seducirlo a lo que ellos gustaban llamar campos más importantes y mejor remuneración, pero él permaneció como presidente de la escuela por más de cuarenta años. Así Como Elías llamó a Eliseo del arado a un lugar subordinado en la escuela de los profetas, para que pudiera ser entrenado a fin de que llegara a ser un padre cuando Elías partiera, así Finney llamó a Fairchild, un joven que se había abierto paso en Oberlin. Después de esto a Fairchild le ofrecieron posiciones populares y lucrativas, pero él escogió continuar en Oberlin como un subordinado del Doctor Finney por cuatro dólares por semana, y ahí recibió el entrenamiento que lo colocó a la cabeza de la institución.

La conexión de Fairchild con la escuela duró por más de sesenta años.

Cada uno de estos hombres tenía una visión. Sus estudiantes tenían visiones. Los padres y las madres de Oberlin amaban a sus hijos, y su ejemplo no se perdió en los estudiantes, porque ellos salieron por todas partes con el mismo espíritu a ser padres de otras instituciones para la salvación de las almas. Nunca titubearon por el hecho de que un campo era considerado duro. Fueron tan leales a un campo duro como sus maestros delante de ellos habían sido leales a Oberlin. Esto condujo a los alumnos de Oberlin decir: *"De ahora en adelante esa tierra es mi país la que más necesite mi ayuda"*.

CAMINANDO CON DIOS, PERO NO DE PERFECTO CORAZÓN: — De algunos reyes de Judá se escribió que hicieron "lo recto ante los ojos de Jehová, aunque no de perfecto corazón" (2 Cro 25:2). Dios usó al profesor Finney y le dio una vislumbre de la condición espiritual de las iglesias populares. Él sabía cuál sería el resultado si no se reformaban. "El profesor Finney, del colegio de Oberlin, dijo: 'Las iglesias en general están degenerando de un modo que da pena. Se han alejado muchísimo de Dios, y él se ha alejado de ellas' " (Elena White, *El Conflicto de los Siglos*, p.427). Steward, Shipher, el presidente Mahan, todos ellos fundadores de Oberlin, entendieron la situación como la comprendió Finney. Todos reconocieron que la única manera sensible razonable de traer una reforma permanente a las denominaciones protestantes era a través de un sistema de educación cristiana, porque "la esperanza de la obra misionera radica en los jóvenes". Estos hombres pelearon la buena batalla. Fueron todos reformadores de la clase más alta. Pertenecen a la categoría de Guillermo Miller, Fitch, Himes y otros.

OBERLIN ESCUCHA EL MENSAJE DEL PRIMER ÁNGEL COMO FUE PREDICADO por Guillermo Miller y por Fitch: — "Guillermo Miller, habiendo descubierto hace mucho tiempo cosas muy maravillosas en Daniel y en Apocalipsis, prosiguió por media generación virando el mundo boca abajo en preparación para la destrucción de esta dispensación, que este profeta agricultor fijó para el 1843" (Oberlin, p.66). "El reverendo Charles Fitch vino a predicar la doctrina de la inmediata segunda venida de Cristo. Él era un hombre de mucho magnetismo personal, profundamente fervoroso, intensamente convencido de la verdad de su mensaje, y llamado, como él se sentía, a traer luz mejor a la buena gente de Oberlin" (Fairchild, p. 86).

Los fundadores fueron grandemente conmovidos, como también muchos de los estudiantes. Pero ya hemos visto la debilidad de algunos de los maestros de Oberlin hacia las reformas preliminares. Hemos visto el espíritu excesivamente amargo de la mayoría de los líderes de las denominaciones. Estas cosas casi trituran las reformas de Oberlin hasta que finalmente fue incapaz de alcanzar las más altas demandas que le requería el Clamor de Medianoche. Oberlin no tenía un corazón perfecto, pero Dios recompensó la institución por la lealtad que había mostrado, y se convirtió en un factor poderoso de ciertas reformas en la historia del mundo, aunque falló en participar en esa reforma de todas las reformas: el mensaje del tercer ángel. Sería bueno que los Adventistas del Séptimo-día recordáramos que "Estas cosas les acontecieron como ejemplo, y están escritas para amonestarnos a nosotros, a quienes han alcanzado los fines de los siglos" (1 Cor. 10: 11). Los maestros de Oberlin no "rompieron todo yugo" de la educación mundana, sino que colocaron "sobre el cuello de sus alumnos yugos mundanos, en lugar del yugo de

Cristo." A nosotros se nos dice: "El plan de las escuelas que hemos de establecer en estos años finales del mensaje debe ser de una orden completamente diferente del seguido en las que hemos instituido" (Elena White, *Consejos para los Maestros*, p. 518). Pero Oberlin decidió seguir los métodos adoptados en las escuelas ya establecidas. Cedió a la presión, y de esta manera comenzó "a aferrarse a viejas costumbres, y debido a esto estamos muy rezagados en relación con lo que debiéramos haber alcanzado en el desarrollo" de la obra de Dios. (Elena White, *Consejos para los Maestros*, p. 519). Los hombres de Oberlin, justo antes de que llegara su prueba, fallaron en comprender el propósito de Dios en los planes puestos delante de ellos para la educación de sus obreros. Ellos adoptaron "métodos que han retardado más bien que adelantado la obra de Dios. Pasaron a la eternidad, con pocos resultados, años que podrían haber presenciado la realización de una gran obra" (Elena White, *Consejos para los Maestros*, p. 519). Oberlin, al ceder a la oposición, se descalificó a sí misma para llevar el mensaje de la verdad presente en toda su plenitud a otros países "porque falló en romper todo yugo educativo". Falló a última hora en venir "a las líneas de la verdadera educación", y como resultado no pudo darle al mundo el mensaje final.

ALGUNAS EXPERIENCIAS EDUCATIVAS DE LOS ADVENTISTAS DEL SÉPTIMO-DÍA

La condición de las denominaciones Protestantes en 1844 está ilustrada por las cinco vírgenes fatuas. Cuando el Clamor de Medianoche fue dado en la primavera de aquel año, la mayoría de los líderes de estas denominaciones tomaron su posición en contra. Durante los días de preparación fallaron en "entender la verdadera ciencia de la educación", y no estuvieron listos cuando llegó el clímax. Algunos de sus propios reformadores educativos se había esforzados para preparar las denominaciones para este gran evento, pero estos hombres de la educación hallaron oposición y fueron repelidos por los líderes de la iglesia. Por consiguiente, los líderes de la iglesia no estaban listos para aceptar el mensaje del primer ángel. Si las denominaciones Protestantes hubieran "venido a las líneas de la verdadera educación", habrían aceptado el mensaje del primer ángel. Esto las habría unido de nuevo en un solo cuerpo. "La iglesia habría vuelto a alcanzar aquel bendito estado de unidad, fe y amor que existía en tiempos apostólicos, cuando 'la muchedumbre de los creyentes era de un mismo corazón y de una misma alma' " (Elena White, *Conflictos de los Siglos*, p. 429).

Las denominaciones populares habían sido llamadas por el Señor para preparar al mundo para la segunda venida de Cristo. Rehusaron obedecer, y "cerca de cincuenta mil personas se separaron de las iglesias" (Elena White, *Conflictos de los Siglos*, p. 426). De entre este número vinieron algunos fieles cristianos intrépidos y fuertes que llegaron a ser los fundadores y los líderes de la denominación Adventistas del Séptimo-día. La mayoría de estos líderes tenaces eran "poco versados en conocimiento escolásticos". Habían recibido su educación "en la escuela de Cristo, y su humildad y obediencia los hizo grandes" (Elena White, *Conflictos de los Siglos*, p. 509). Se habían formado a sí mismos y no tenían necesidad de gastar mucho tiempo desaprendiendo la sabiduría recibida de tal sistema de educación que causó la ruina de las denominaciones Protestantes del 1844.

El pastor Jaime White, en su libro "Vida de Guillermo Miller, expresó con la siguientes palabras su concepto acerca del sistema de educación que arruinó a los Protestantes: "¿Cuál habría sido ahora el efecto de lo que se llama un curso regular de educación?... ¿Habría ejecutado su obra apropiada, esa de disciplinar, engrandecer, y surtir la mente, dejando intacto con el proceso sus energías naturales, su independencia en relación al hombre, y su sentido de dependencia y responsabilidad hacia Dios? O ¿Lo habría colocado en las filas llenas de aquellos que se contentan con compartir el honor de repetir las tonterías, verdaderas o falsas, que pasan como verdad en la escuela o secta que los han hecho lo que son?". (Miller, p. 15, 16).

LOS ADVENTISTAS DEL SÉPTIMO-DÍA SON LLAMADOS A SER REFORMADORES: — Estos valientes reformadores cristianos estaban ahora enfrentando una situación similar a la que enfrentaron los refugiados cristianos que huyeron de Europa hacia las costas de América con el fin de desarrollar un nuevo orden de cosas. Pero "no obstante haber renunciado al romanismo, los reformadores ingleses conservaron muchas de sus formas". (Elena White, *Conflictos de los Siglos*, p. 333). Los fundadores de la iglesia Adventista del Séptimo-día habían abandonado las iglesias apóstatas, y ellos, como los reformadores ingleses, estuvieron impresionados con la condición de estas iglesias, pero, aunque denunciando las doctrinas papales encontradas en las iglesias Protestantes apóstatas, fallaron en ver todos los errores de estas iglesias. Los reformadores de 1844 también enfrentaron persecución, como lo hicieron los reformadores ingleses antes de que vinieran a este país (USA). Pues de ellos se dice: "Muchos fueron perseguidos por sus hermanos incrédulos" (Elena White, *Conflictos de los Siglos*, p. 422).

Durante los primeros años de la historia de la iglesia Adventista del Séptimo-día, nos encontramos con los fundadores investigando la Biblia en busca de las grandes doctrinas fundamentales del mensaje del tercer ángel, lo cual reveló doctrinas falsas y ciertas falacias que se había deslizado dentro de las iglesias populares; los encontramos escribiendo y publicando esas doctrinas al mundo; y desarrollando la organización de la iglesia. Ellos hicieron bien su trabajo.

PERO ¿QUÉ SE ESTABA HACIENDO POR LA EDUCACIÓN DE LOS NIÑOS Y DE LOS JÓVENES durante este período de construcción? Muchos de ellos estaban asistiendo a estas mismas escuelas que hasta ahora habían entrenado a los hombres a repudiar la luz del mensaje del primer ángel. Muchos de los reformadores estaban molestos con esta situación. Comenzaron a darse cuentas que si mantenían a los niños en esas escuelas, con el tiempo, llevarían a estos niños a considerar la verdad de igual forma en que lo hicieron sus maestros quienes no simpatizaban con el mensaje.

Vino luz de parte de Dios en relación al problema de la educación. A los padres Adventistas del Séptimo-día se les instruyó a que sacasen a sus hijos de las escuelas públicas, y que establecieran escuelas que ofrezcan un entrenamiento cristiano. "Cuando el ángel de Dios me mostró que se debía establecer una institución para la educación de nuestros jóvenes, vi que *sería uno de los medios más grandes ordenados por Dios para la salvación de las almas*" (Elena White, *Conducción del Niño*, p. 309). Establecer una escuela pareció ser una tarea demasiado grande para la mayoría de nuestra gente de aquella época. Fue como la conquista de Canaán para los hijos de Israel. Muchos niños de los hogares adventistas fueron sacados de las escuelas mundanas, pero a la iglesia le faltó fe para establecer escuelas y comprender la promesa del Señor de proveer maestros cristianos. Así, por un tiempo, los niños fueron dejados sin ventaja escolar alguna. Los padres se dieron cuenta de que algo había que hacer, pero como no tenían fe para obedecer la palabra de Dios en este asunto, gradualmente retornaron a los jóvenes a las escuelas del mundo. De esta manera comenzaron los Adventistas del Séptimo-día a vagar por el desierto de educación mundana. Dejaron de entender "la verdadera ciencia de la educación". La obra se retrasó, y "debido a esto estamos muy rezagados en relación con lo que debiéramos haber alcanzado en el desarrollo del mensaje del tercer ánge" (Elena White, *Consejos para los Maestros*, p. 138). Esta experiencia ocurrió cerca del año 1860. En el 1901, cuarenta años más tarde, llegaron estas palabras: "Es el comienzo de la reforma educativa".

La siguiente instrucción llegó durante este extravío por el desierto educativo: "En generaciones pasadas, debiera haberse hecho provisión para impartir educación en una escala mayor. En relación con las escuelas, debieran haberse tenido establecimientos agrícolas y fabriles, y profesoras de labores domésticas para dedicar una porción del tiempo de cada día al trabajo, a fin de que las facultades físicas y mentales pudiesen ejercitarse igualmente. Si las escuelas se hubieran establecido de acuerdo con el plan mencionado, no habría ahora tantas mentes desequilibradas... Si la educación de las generaciones pasadas se hubiese dirigido de acuerdo con un plan completamente diferente, los jóvenes de esta generación no serían tan depravados e indignos". (Elena White, *Consejos para los Maestros*, pp. 274, 275 y 80).

De las páginas de la Review and Herald captamos que hubo una agitación importante respecto a asuntos educativos hasta que se fundó la escuela de Battle Creek en 1874. Para esta época muchos de los líderes comenzaron a entender más cabalmente los resultados del terrible error cometido al no seguir las instrucciones dadas en la época de los cincuenta con respecto a la educación.

La necesidad de una escuela era evidente. El hermano A. Smith, escribiendo para la Review and Herald (Vol. 40, No. 2) dijo: "Cualquiera que esté al tanto con nuestras escuelas comunes sabe que la influencia de sus compañías son terrible sobre la moral de nuestros niños... No sé por qué las jóvenes no se preparan a sí mismas tomando un curso de estudio en Battle Creek para que sirvan como maestras de escuelas selectas en nuestras iglesias más grandes." Esta declaración contiene una sugerencia para el establecimiento de escuelas de iglesia.

UNA ESCUELA DE IGLESIA se estableció en Battle Creek alrededor de esta fecha. El maestro, quien fuera la fuerza motriz de esta empresa, era un reformador educativo, y si la reforma por la cual él abogaba hubiesen sido recibida favorablemente y puestas en práctica inteligentemente, los Adventistas del Séptimo-día habrían salido del desierto educativo mucha antes. Las ideas educativas que este hombre tenía eran similares a las reformas enseñadas antes de 1844. Dios quería que cuando la obra educacional comenzara entre los Adventistas del Séptimo-día fuera sobre una base por lo menos igual al movimiento de reforma educativa que ocurrió antes de 1844. Dios les envió a los Adventistas del Séptimo-Día un educador que había aceptado el mensaje del tercer ángel, y quien estaba listo para comenzar la obra educativa entre nosotros exactamente donde se habían detenido las reformas educativas antes de 1844. Si esta obra de reforma se hubiese aceptado, habría colocado la obra educacional de los Adventista del Séptimo-día en una posición frente al mundo equivalente a aquella sostenida por la obra de salud. El primer sanatorio Adventista del Séptimo-día rápidamente se puso en línea con todas las ideas avanzadas enseñadas y practicadas antes de 1844. Y si hay una cosa sobre otra que haya distinguido a los Adventistas del Séptimo-día frente al mundo, ha sido sus principios de reforma pro salud y la obra de los sanatorios. Ellos tuvieron una oportunidad igual en el mundo educativo.

Las siguientes palabras revelan que un error serio se cometió cuando este reformador que había llegado a nosotros fue criticado y sus reformas rechazadas: "La época presente es una de trabajo aparente y superficial en la educación. El hermano _____ posee un amor natural por sistema y esmero, y estos se han convertido en hábitos a lo largo de su vida por medio de entrenamiento y disciplina. Dios lo ha aprobado por esto. Sus labores son de valor real porque él no les permite a los alumnos ser superficiales. Pero en sus primeros esfuerzos para establecer una escuela de iglesia él enfrentó muchos obstáculos... Algunos de los padres se rehusaron a sostener la escuela, y sus hijos no respetaron al maestro porque vestía ropa de pobre... El Señor aprobaba la conducta general del hermano _____, mientras ponía los fundamentos para la escuela que ahora está en operación". (T. No. 31, p. 86). Esta escuela se desarrolló en lo que fue la Universidad de Battle Creek.

LA UNIVERSIDAD DE BATTLE CREEK SE DEBIÓ HABER ESTABLECIDO EN EL CAMPO: — A los promotores del colegio de Battle Creek se les instruyó para que establecieran la escuela en una extensión grande de tierra donde se pudieran desarrollar varias industrias y para que la escuela pueda ser un institución de entrenamiento manual, y dirigida de acuerdo a las ideas de la reforma educativa. La siguiente declaración, la cual apareció en el Boletín de la Conferencia General, en 1901, página 217, fue declarada por el pastor Haskell concerniente a la fundación de la escuela de Battle Creek: "Recuerdo la época cuando se seleccionó el sitio actual para l ubicación de la escuela aquí en Battle Creek… La hermana White, al hablarle al comité de ubicación, dijo: 'Pongan la escuela en algún terreno fuera de la ciudad densamente poblada, donde los estudiantes puedan trabajar en el campo' ". En el mismo Boletín de la Conferencia General, páginas 115 y 116, se encuentra la siguiente declaración de la Sra. White con relación a la ubicación de la escuela de Battle Creek: "Quizá haya algunos que estén turbados por el traslado de la escuela de Battle Creek, pero no hay necesidad de esto. *Este traslado está en armonía con el designio de Dios para la escuela antes de que la institución fuera establecida, pero los hombres no podían ver cómo se podría hacer esto. Hubieron tantos que dijeron que la escuela debió estar en Battle Creek. Ahora decimos que debe estar en algún otro lugar.* Lo mejor que se puede hacer es deshacerse de los edificios de la escuela de aquí tan pronto como sea posible. Comiencen inmediatamente a buscar un lugar *donde la escuela pueda ser dirigida sobre los lineamientos correctos… Obténganse una extensa porción de terreno, y ahí comiencen la obra que antes que la escuela fuera establecida aquí le rogué que debían comenzar…* Nuestras escuelas deben ser ubicadas lejos de las ciudades en una porción grande de terreno para que los estudiantes tengan la oportunidad de realizar trabajo manual".

De lo anterior vemos que cuando el Colegio de Battle Creek se estableció no hubo suficiente fe ni valor para construir una institución entre los adventistas en el campo en una finca como los reformadores educacionales antes de 1844 ubicaron sus escuelas. La causa de esta incapacidad de apreciar el sistema de educación al cual Dios estaba llamando se debió al hecho de que los líderes de la denominación habían recibido su educación en las escuelas que habían rechazado las ideas de reformas abogadas antes de 1844. La importancia del entrenamiento manual y las reformas similares no fueron impresas en sus mentes como Oberlin durante su reforma estampó estas ideas en las mentes de sus estudiantes.

También entonces, a los Adventistas del Séptimo-día, varios años antes del establecimiento de su primera escuela, les faltó la fe para obedecer a Dios en el establecimiento de escuelas simples sobre el plan correcto para la educación de los niños que debieron haber sacado de las escuelas públicas. Estos niños Adventistas cuyos padres por falta de fe había fallado en sacarlos de las escuelas públicas, estaban ahora entre los líderes de la denominación. Su fe y valor en la reforma educativa eran débiles, y sus ojos estaban tan ciegos a la verdadera ciencia de la educación cristiana como lo estaban los ojos de sus padres que fallaron en proveer para ellos escuelas cristiana. La idea se expresa así: "Si los ministros y los maestros pudieran entender su responsabilidad en toda su plenitud, el mundo hoy sería totalmente distinto. Pero su visión y sus propósitos son demasiado estrechos. No se dan cuenta de la importancia de su labor o sus resultados" (Elena de White, *Testimonios para la Iglesia*, Vol. 4, p. 411). Y así, debido a su incredulidad, la primera escuela fue establecida donde Dios dice que no se debe, y en lugar de los principios de la reforma y los métodos de la educación cristiana, allí se introdujeron los principios, los métodos, las maneras, los estudios, y los ideales de las universidades de las denominaciones Protestantes que los rodeaban. Por consiguiente, bajo estas circunstancias, en esta institución, debían ser entrenados los futuros misioneros para la denominación—Aquellos misioneros que deberían evitar los errores en su preparación para dar el Fuerte Clamor que entramparon a los jóvenes de las denominaciones Protestantes antes de 1844 cuando se acercaban al Clamor de Medianoche.

RESULTADO DE TAL FRACASO: —Nuestra primera escuela pronto comenzó a producir una cosecha abundante de fruto educacional mundano, y el Señor dio claramente su opinión acerca de este fruto y sobre el sistema que lo produjo, y también dio un sano consejo sobre el mejor curso a seguir: *"Si ha de sentirse una influencia mundana* en nuestra escuela, vendámosla a los mundanos, dejémoslos encargarse de toda la dirección; y los que han invertido sus recursos en esa institución establecerán otra escuela, que será dirigida, *no según el plan de las escuelas populares* y según los deseos del director y los maestros, *sino de acuerdo con el plan que Dios ha especificado…* Nuestro colegio ocupa hoy una posición que Dios no aprueba" (Elena White, *Testimonios para la Iglesia*, p. 24, 25, 26).

UNA OPORTUNIDAD PARA LA REFORMA: – No es nuestra intención adentrarnos en la historia de la escuela de Battle Creek. Realizó mucho bien, pero su ubicación y el sistema adoptado al principio dificultaron el llevar adelante la reforma educativa cristiana. A pesar de eso, grandes esfuerzos se realizaron, en diferentes épocas, para traer las reformas. La siguiente declaración relata concisamente la historia completa de escuela de Battle Creek: "Nuestras instituciones de enseñanzas pueden girar en conformidad con el mundo, pueden avanzar paso a paso hacia el mundo; aún así son prisioneras de esperanza, y Dios las corregirá y las iluminará y las traerá de vuelta a su posición correcta de separación del mundo (Elena White, *Review and Herald*, Enero 9, 1894).

La escuela de Battle Creek, al igual que el Israel de antaño, se mecía de aquí para allá entre el plan de Dios y el sistema de educación del mundo. Pero era una institución "prisionera de esperanza", y como ya dijo la Sra. White en el Boletín de la conferencia General de 1901, Dios la trajo de vuelta a su posición correcta. En otras palabras, Él la puso en el campo donde Él dijo que debió ser fundada, y donde pudiera practicar los principios de la educación cristiana.

Hemos visto que Dios envió instrucciones claras y precisas para guiar a los líderes Adventistas del Séptimo-día para la ubicación y el establecimiento de su primera escuela. Se nos dijo que esta instrucción no se llevó a cabo completamente. Su fe no fue lo suficientemente fuerte para intentar ejecutar estos principios fundamentales y otra muy importante de la educación cristiana, tales principios como hacer de la Biblia la base de todas las materias enseñadas; descartar la literatura dañina; eliminar los cursos tradicionales y sus títulos; hacer de la fisiología [*y la higiene*] la base de todo esfuerzo educativo; tener trabajo manual; tener labor agrícola; reforma en la edificación, en la dieta, etc.

LOS ADVENTISTAS DEL SÉPTIMO-DÍA SE APEGAN A LA EDUCACIÓN PAPAL — Su fracaso en todas estas áreas se debió a la misma experiencia que causó que los reformadores ingleses fracasaran en poner un fundamento para la obra educativa que hubiera calificado a un ejército de misioneros cristianos para dar el mensaje del primer ángel. "No obstante haber renunciado al romanismo, los reformadores ingleses conservaron muchas de sus formas" (*Conflicto de los Siglos*, p. 333). Hemos aprendido que mientras los reformadores ingleses rompieron con las doctrinas papales hasta cierto punto por ignorancia a los resultados no vacilaron en adoptar corporalmente el sistema de educación papal. Ellos pensaron que insertar un poco de

Biblia, y sazonar sus enseñanzas con algunas instrucciones religiosas, constituía educación cristiana. Estaban equivocados. La larga historia de fracasos espirituales en este país ha sido su fruto. Como un resultado de esta ignorancia, las iglesias Protestantes fueron conducidas hacia abajo a una condición en la cual se asemejan muy de cerca al papado mismo y fueron declaradas Babilonia. Nuestros propios líderes Adventistas del Séptimo-día dejaron a estas denominaciones Protestantes como los reformadores ingleses dejaron las iglesias papales europeas. Rompieron con las doctrinas papales sostenidas por las iglesias Protestantes, exactamente como lo hicieron los reformadores ingleses. Pero, como aquellos reformadores ingleses, *trajeron con ellos, de las denominaciones Protestantes, un sistema educativo que era papal en espíritu.* Los reformadores ingleses lucharon por años por detener la corriente de apostasía. Fallaron en entender la filosofía de su decadente experiencia religiosa. Con todo, los resultados finalmente vinieron, desagradables pero seguros; estaban moralmente arruinadas y arrojadas afuera porque habían fallado en "venir a la línea de la verdadera educación". Era un prospecto hermoso destruido completamente por los ardides del archí engañador. Esto se logró gracias a la ignorancia de los principios de la educación Cristiana de parte de muchos hombres grandes y buenos.

En estos últimos días Satanás engañará si fuere posible aun a los escogidos. ¿Hay alguna razón por la cual él no deba usar el mismo método que ha probado ser tan efectivo en sus manos a través de las edades — en el derrocamiento de la iglesia judía y la iglesia apostólica; en neutralizar, a través de los jesuitas, la gran reforma del siglo dieciséis; en frustrar los esfuerzos de los reformadores ingleses quienes intentaron establecer en las costas de América la iglesia para su lucha final?

Otra vez tracemos el presente sistema de educación mundana a su fuente. El plan educativo de nuestra primera escuela se tomó mayormente de las escuelas religiosas populares de las denominaciones Protestantes. Estas denominaciones recibieron su luz educacional de las instituciones educativas más antiguas de este país tales como Harvard y Yale; Harvard y Yale, como hemos visto, la tomaron de Oxford y de Cambridge; Oxford y Cambridge son hijas de la Universidad de París; la Universidad de París, presidida por los papas, era totalmente papal, y es la madre de las universidades europeas; ella tomó su sistema educativo de la Roma Pagana; Roma Pagana "juntó en sus brazos los elementos de la cultura Griega y Oriental"; las escuelas griegas sacaron su inspiración y sabiduría de Egipto. "Los antiguos miraban a Egipto como una escuela de sabiduría. Grecia envió para allá sus legisladores y filósofos ilustres—Pitágoras y Platón; Licurgas y Solen—a completar sus estudios… Por lo tanto, incluso los griegos en tiempos antiguos estaban acostumbrados a tomar sus políticas y sus conocimientos de los egipcios." (Painter, pp. 32-34).

EGIPTO, POR LO TANTO, DEBE SER RECONOCIDO COMO LA FUENTE DE TODA SABIDURÍA MUNDANA la cual es digna de nuestro análisis. Este sistema de educación mundana de Egipto ciertamente es resistente o no hubiera llegado hasta nosotros a través de todas estas edades. Es este mismo espíritu egipcio de filosofía que ha hecho tan atractiva para los hombres de este mundo la así llamada literatura clásica. La sabiduría de Egipto ha sido mantenida viva en el mundo por los estudiantes que, mientras están en la escuela, han estudiado su filosofía y su inspiración la han tomado de los clásicos. Cosa extraña es decir que el factor más potente en mantener esta educación egipcia viva haya sido la propia iglesia cristiana. Por varias razones, en épocas diferentes, ella no sólo la ha permitido sino que estimula a sus jóvenes a estudiar estos escritos. Una y otra vez la iglesia ha sido engañada por esta sabiduría egipcia como Eva fue engañada por el conocimiento del bien y del mal. Los cristianos han vestido esta sutil filosofía con un manto cristiano (¿reconoces al papado?) y lo han esparcido por todas partes. ESTA FILOSOFÍA EGIPCIA ARRUINÓ A CADA IGLESIA hasta el 1844, y los Adventista del Séptimo-día se les ha dicho que "Ahora, como nunca antes, necesitamos entender la verdadera ciencia de la educación. Si dejamos de entender esto, nunca tendremos un lugar en el reino de Dios" (Elena White, *Mente, carácter y Personalidad*, p.53, 1897). Es en contra de esta filosofía egipcia que Dios nos advierte con las palabras recién citadas. Es esta misma filosofía, tan sutil, la que Dios tenía en mente cuando advirtió a la iglesia cuando dice que Satanás engañará "si es posible, aun á los escogidos". (Mateo 24:24). Nosotros los jóvenes Adventistas del Séptimo-día debemos estudiar a Moisés, quien fue "enseñado en toda la sabiduría de los egipcios" (Hechos 7:22), un graduado de la institución educativa más grande del mundo, y reconocido como un gigante intelectual, abandonó todas las cosas que la educación egipcia hizo posible para él disfrutar, y entró en la escuela de entrenamiento de Dios en el desierto. "No fueron las enseñanzas de las escuelas de Egipto lo que habilitó a Moisés para triunfar sobre sus enemigos, sino su fe constante e inquebrantable, una fe que no vacilaba bajo las circunstancias más penosas" (Elena White, *Consejos para los Maestros*, p. 394).

Después de pasar cuarenta años olvidando su educación mundana y obteniendo la sabiduría de Dios, Moisés fue calificado para estar a la cabeza de la escuela industrial más grande que jamás se haya conocido. "¡Qué escuela industrial era aquella del desierto" (Elena White, *La Educación*, p. 34). Les tomó a los estudiantes de esta escuela otros cuarenta años para romper el yugo del sistema de educación de Egipto y para entender "la verdadera ciencia de la educación" para que pudieran tener un lugar en la tierra de Canaán.

CRISTO LLAMA A LOS HOMBRES A SALIR DEL SISTEMA DE EDUCACIÓN DE EGIPTO: — No obstante la cosa más importante para nosotros los jóvenes Adventistas del Séptimo-día es estudiar al gran Maestro de quien se dijo: "De Egipto llamé a mi Hijo" (Mateo 2:15). El Hijo de Dios fue llamado fuera de Egipto de una manera tan completa que siendo un niño nunca se le permitió asistir siquiera a las escuelas de iglesias judía pues ellas se hallaban demasiadas saturadas con la educación mundana egipcia. Los niños Adventistas del Séptimo-Día poseen una oportunidad igual. Estudiad al Maestro en la humilde escuela de su hogar en Nazaret, en el taller y en la finca, en las colinas y en los valles. Él creció en sabiduría hasta que, a la edad de doce años, asombró a los líderes de la iglesia con los frutos de la educación cristiana. "Marcad los rasgos de la obra de Cristo… A pesar de que sus seguidores eran pescadores, no les aconsejó que se fueran a las escuelas de los Rabinos antes de poder entrar en su obra" (T. E., p. 136). ¿Por qué? Porque las escuelas de los rabinos estaban llenas de la filosofía egipcia y griega que ciegan los ojos a las verdades espirituales. Fue a un maestro de una de estas escuelas que Cristo le dijo: "Os es necesario nacer de nuevo" (Juan 3:7).

Dios nos implora que establezcamos escuelas para nuestros niños para que ellos puedan obtener Su sabiduría y su entendimiento incluso en sus tiernos años. Los estudiantes Adventistas del Séptimo-día deben darle las espaldas para siempre a este sistema de educación mundana – la sabiduría de Egipto – que ha arruinado las perspectivas de cada iglesia cristiana hasta la Adventistas del Séptimo-día. Y nosotros, de manera individual, estamos en peligro de esta misma sabiduría egipcia. "Me lleno de tristeza cuando pienso en nuestra condición como pueblo. El Señor no nos ha cerrado el cielo, pero nuestra propia conducta de permanente apostasía nos ha separado de Dios... Y sin embargo la opinión general es que la iglesia está floreciendo, y que existe paz y prosperidad espiritual en todos sus términos. La iglesia ha dejado de seguir en pos de Cristo, su líder, y está *volviéndose firmemente hacia Egipto*. (Elena White, *Servicio Cristiano*, pp. 49, 50).

Antes de 1844 el Espíritu de Dios les envió mensajes a las denominaciones Protestantes hablándoles de su condición en lenguaje muy similar al recién citado. Fallaron en entenderlo, porque, como hemos visto, el sistema papal de educación, el cual ellos introdujeron inocentemente en sus escuelas de iglesia, había nublado su vista espiritual, y había ensordecido sus oídos a la palabra de Dios. No entendieron "la verdadera ciencia de la educación"; ellas no "vinieron a la línea de la verdadera educación"; y ellas fueron rechazadas.

El investigador de la historia educativa conoce el significado de la declaración "la iglesia está volviéndose firmemente hacia Egipto", porque este sistema de educación papal tiene sus raíces en la filosofía y la enseñanza egipcia, de las cuales Dios llamó a su pueblo antiguo a salir para siempre. Al darnos cuenta de los resultados acaecidos a otras denominaciones cristiana, podríamos desanimarnos al ver nuestra primera escuela moldeada en gran parte según las escuelas de las iglesias populares, especialmente en vista del hecho de que "las costumbres y prácticas de la escuela de Battle Creek van a todas las iglesias, y los latidos del corazón de esa escuela se sienten a través del cuerpo de creyentes" (T. E., p. 185). Sin embargo tenemos la promesa buena de nuestro Dios: "Nuestras instituciones de enseñanzas pueden girar en conformidad con el mundo, pueden avanzar paso a paso hacia el mundo; aún así son prisioneras de esperanza, y Dios las corregirá y las iluminará y las traerá de vuelta a su posición correcta de separación del mundo. Yo estoy vigilando con intenso interés, esperando ver a nuestras escuelas completamente imbuidas del espíritu de la religión verdadera y sin mácula. Cuando los estudiantes estén así imbuidos... verán que hay una gran obra que hacer, y el tiempo que le han dado a las diversiones será entregado para hacer ferviente obra misionera". (Elena White, *Review and Herald,* Enero 9, 1894).

LOS ADVENTISTAS DEL SÉPTIMO-DÍA LLAMADOS A SER REFORMADORES – Cada Adventista del Séptimo-Día leal, al darse cuenta del parentesco de nuestras instituciones educativas, y la esperanza a ellas extendidas, se esforzará en ayudar a traer a su posición debida a cada escuela que se encuentre fuera de armonía al plan divino. Todo método usado en nuestras escuelas debe ser sometido al examen. "¡A la ley y al testimonio! Si no dijeren conforme á esto, es porque no les ha amanecido" (Isa. 8:20). Todo lo que no pruebe ser genuino debe ser descartado. En lugar de tratar la situación ligeramente o en lugar de caer en un criticismo reaccionario, como se han tratado las reformas en el pasado, especialmente aquellas reformas del 1834-1844, estudiemos con oración la siguiente declaración: "Nos toca ahora comenzar de nuevo. *Las reformas deben emprenderse de todo corazón, alma y voluntad.* Los errores pueden ser muy antiguos, pero los años no hacen del error verdad, ni de la verdad error. Se han seguido por demasiado tiempo los viejos hábitos y costumbres. El Señor quiere que maestros y alumnos desechen ahora toda idea falsa. No tenemos libertad para enseñar lo que cuadre con la norma del mundo o la norma de la iglesia, sencillamente porque así se suele hacer. Las lecciones enseñadas por Cristo han de constituir la norma.

Ha de tenerse estrictamente en cuenta lo que el Señor ha dicho con respecto a la enseñanza que se ha de impartir en nuestras escuelas; pues si en algunos respectos no existe una educación de carácter completamente diferente de la que se ha venido dando en algunas de nuestras escuelas, no necesitábamos haber gastado dinero en la compra de terrenos y la construcción de edificios escolares" (Elena de White, *Testimonios para la Iglesia,* Vol. 6, p. 147. Ver también *Joyas de los* Testimonios, t. 2, p. 420).

LA ESCUELA DE BATTLE CREEK, EL MODELO PARA OTRAS ESCUELAS – Siendo que Battle Creek fue la primera escuela entre nosotros, su ejemplo fue seguido prácticamente por cada otra escuela establecida por la denominación. Modelaron sus escuelas según el curso de estudio de ella; imitaron sus métodos de enseñanzas y en gran medida siguieron su plan de ubicación y moldearon sus edificaciones según el de ella. "las costumbres y prácticas de la escuela de Battle Creek van a todas las iglesias, y los latidos del corazón de esa escuela se sienten a través del cuerpo de creyentes" (T. E., p. 185). Estos hechos deben ayudarnos a comprender mejor la declaración hecha cuando se decidió mudar la escuela de Battle Creek fuera de Battle Creek en una finca. "Estamos agradecidos que se ha mostrado un interés en la obra de establecer escuelas sobre un fundamente correcto, sobre los cuales debió establecerse años atrás" (Elena de White, *Boletín de la Conferencia General*, 1901, p. 455).

La segunda escuela establecida entre los adventistas fue ubicada en Healdsburg, en el estado de California. Se hizo un intento por los promotores de esta escuela de seguir las instrucciones del Señor en asunto de ubicación. Aunque Healdsburg no fue ubicada en la ciudad como lo fue la escuela de Battle Creek, sin embargo, como Lot, los fundadores pidieron ir a una ciudad pequeña. La escuela de Healdsburg fue ubicada al borde de un pueblo pequeño. Aunque se esforzaron por establecer el aspecto del trabajo manual, su desafortunada ubicación en un pequeño lote de tierra, al retener los cursos y los títulos tradicionales, y la fuerte influencia ejercida por la escuela de Battle Creek, pronto giraron a Healdsburg hacia la conformidad con el mundo. Pero las palabras de esperanza también le fueron pronunciadas: "Pueden avanzar paso a paso hacia el mundo; aún así son prisioneras de esperanza, y Dios las corregirá y las iluminará y las traerá de vuelta a su posición correcta de separación del mundo" (Elena White, *Review and Herald,* Enero 9, 1894). Después de un cuarto de siglo de haberse establecido, la escuela de Healdsburg fue mudada a una gran porción de terreno cerca de Santa Helena, en el estado de California, y la escuela en su nueva ubicación estaba en posición de iniciar su reforma educacional, como se dice de la escuela de Battle Creek que alcanzó su posición correcta cuando fue restablecida en la finca.

En el volumen 6 de los Testimonios, en la página 143, se le dijo a nuestro pueblo: "Debieran establecerse escuelas, no tan afectadas o pedantes como las del Colegio de Battle Creek y College View, pero más sencillas y edificios menos ostentosos y con maestros que adopten el mismo plan de las escuelas de los profetas".

En el mismo volumen se nos dijo: "Nos toca ahora comenzar de nuevo. Las reformas deben emprenderse de todo corazón, alma y voluntad" (Página 147). Ya hemos visto la necesidad de que las escuelas de Battle Creek y Healdsburg empiecen su obra de nuevo. Los maestros en estas escuelas ahora tienen una oportunidad de adoptar "el mismo plan de las escuelas de los profetas", y de entrar en las reformas educativas "con corazón, alma y voluntad".

CURSOS TRADICIONALES – Una de las principales reformas que se nos llama a hacer del sistema de educación papal tiene que ver con el asunto de los cursos y sus títulos, porque la caída moral de las iglesias Protestantes se puede atribuir casi directamente a los cursos tradicionales ofrecidos en sus escuelas y sus correspondientes títulos. Como regla general, se obligaba a los ministros a terminar un curso y obtener un título, y con frecuencia esto afectaba su independencia en seguir la palabra de Dios; esto le reprimía su individualidad y su originalidad. Se dice que los hombres escolásticos: "son una representación estereotipada de lo que el curso los hace; si levantan un compañero del fango, nunca lo llegan más cerca del cielo que a la escuela donde fueron educados... están contentos de compartir el honor de repetir tonterías, verdadera o falsa, que pasan como verdad en la escuela o secta que los ha hecho lo que son" (Miller, p. 16).

LOS CRISTIANOS PRIMITIVOS llevaron el evangelio al mundo rápida y efectivamente. En sus escuelas ellos solamente enseñaban aquellos temas que prepararía al estudiante para hacer la obra del Señor. Sus educadores eran considerados por el mundo como "raros, extraños, y estrictos extremistas." Estos educadores cristianos hicieron todo lo posible para preparar al estudiante rápidamente para desempeñar su parte como un buen soldado en la batalla. Los estudiantes no eran detenidos en la escuela para terminar un curso o un título, una costumbre en boga en las escuelas del mundo. Más tarde, maestros cristiano-paganos medio convertidos introdujeron la idea del curso-título que desarrolló un gremio educativo controlado por los líderes de la iglesia, y a nadie se le permitió enseñar o predicar hasta que haya terminado un curso y recibido un título.

UNA DE LAS OBJECIONES MÁS SERIA traída contra este plan es que ella cierra la mente del estudiante a la verdad. Prácticamente toda reforma religiosa ha venido a través de laicos humildes porque los líderes de la iglesia, como regla general, al obtener su educación, se convierten en conservadores. El conservador se opone a cambios y es el resultado de pasar por curso rígido y mecánico de estudio por un título. Al estudiante se lo mantiene en una rutina, en una monotonía; se lo describe como siempre caminando y nunca llegando a ningún lugar. Por consiguiente, cuando la verdad les he presentada a estos hombres escolásticos, especialmente si es traída por un laico, no es vista con aprobación, porque han llegado a considerarse a sí mismo como los canales regulares por medio de quienes la luz debe llegar a la gente. La realidad de esta declaración surge de los hechos históricos. Motley, al relatar las experiencias de los reformadores en Holanda, escribió de esta manera acerca de las restricciones impuesta sobre los laicos por el sistema de educación papal: "Prohibimos a toda persona secular conversar o disputar acerca de las Sagradas Escrituras, abiertamente o secretamente, especialmente sobre cualquier asunto difícil o dudoso, o leer, enseñar, o exponer las Escritura, a menos que haya debidamente estudiado teología y haya sido aprobado por alguna universidad de renombre". Él añade, sin embargo, que "para el disgusto inefable de los conservadores en la iglesia y el estado aquí estaban hombres de poca educación, totalmente desprovistos del hebreo, de condición humilde – sombrereros, adobadores, curtidores, tintoreros, y personas semejantes – que comenzaron a predicar; recordando irrazonablemente, tal vez, que los primeros discípulos seleccionados por los fundadores del cristianismo no todos tenía doctorados en teología con diplomas de universidades de renombre". (Motley, pp. 261, 533).

El Señor comprende que el curso rígido con su título frecuentemente trae a la iglesia "muchos hombres según la carne... muchos poderosos... muchos nobles", en lugar de hacer líderes que se den cuenta que "lo necio del mundo escogió Dios, para avergonzar a los sabios... a fin de que nadie se jacte en su presencia" (1 Cor. 1:26-29).

La mayoría de los hombres educados, escolásticos, por el año 1844 rechazaron el mensaje del primer ángel porque no les llegó de la manera regular. "La circunstancia de ser predicado el mensaje mayormente por laicos, se presentaba como argumento desfavorable... Multitudes que confiaban implícitamente en sus pastores, se negaron a escuchar el aviso (Elena White, *El Conflictos de los Siglos*, p. 430).

LOS ADVENTISTAS DEL SÉPTIMO-DÍA SERÁN PROBADOS SOBRE ESTE MISMO PUNTO – "Así también será proclamado el mensaje del tercer ángel. Cuando llegue el tiempo de hacerlo con el mayor poder, el Señor obrará por conducto de humildes instrumentos, dirigiendo el espíritu de los que se consagren a su servicio. *Los obreros serán calificados más bien por la unción de su Espíritu que por la educación en institutos de enseñanza"* (Elena White, *El Conflictos de los Siglos*, p. 664).

Satanás trabajará con todo su poder de engaño para tener un compañía de hombres a la cabeza de la Iglesia Adventista del Séptimo-día en la época del Fuerte Clamor que considerarán la obra de instrumentos humildes dirigidos por el Espíritu de Dios, que no se han graduado de instituciones literarias, con la misma desgracia como los líderes de las iglesias Protestantes antes de 1844 consideraron tales *irregularidades*. Dios necesita miles de hombres entrenados en nuestras escuelas, pero Él no desea que ellas reciban un entrenamiento tal que su actitud hacia la verdad sea la misma como aquella de los hombres escolásticos de otras denominaciones antes del 1844. La pregunta de importancia más capital para nosotros los Adventistas del Séptimo-Día es ¿Podemos obtener una educación práctica, liberal para la obra de Dios sin que se nos dañe en el entrenamiento? Debe haber una salida. CUANDO LA ESCUELA DE BATTLE CREEK ESTABA ANIMANDO A LOS ESTUDIANTES A TOMAR CURSOS que conducen a títulos moldeados según las escuelas mundanas, recibió la siguiente instrucción: "Los estudiantes mismos no pensarían en tal demora para entrar a la obra si no le fuera aguijoneado por aquellos que están supuesto a ser pastores y guardianes". Este sistema fue descrito como "este largo y agotador proceso, que añade y añade más tiempo, más ramas". El Señor expresó su desagrado con estas palabras: "La preparación de los estudiantes se ha manejado sobre los mismo principios que ha manejado la operación de edificios... Dios está llamando y ha estado llamando por años por una reforma en estas líneas... Mientras que se ha gasta tanto tiempo para poner a unos pocos a través de un curso de estudio exhaustivo, hay muchos que están sedientos por el conocimiento que pudieran conseguir en unos pocos meses. Uno o dos años se podría considerar una gran bendición... *Dadles a los estudiantes un comienzo*, pero no sientas que es tu deber llevarlos años tras años. Es el deber de los estudiantes salir al campo a trabajar... El estudiante no debe permitirse *quedar ligado a ningún curso particular que requiere largos períodos,* sino que debe ser guiado en tales asuntos por el Espíritu de Dios... Quisiera amonestar a los estudiantes que no den un paso en ese sentido, ni aun por consejo de sus instructores o de hombres que ocupan puestos de autoridad, a menos que primero hayan buscado a Dios individualmente, con el corazón abierto a las influencias del Espíritu Santo, y hayan obtenido su consejo acerca del curso de estudio que contemplan..."

"Poned a un lado todo deseo egoísta *de distinguiros*...
Muchos estudiantes han perdido de vista el motivo y
blanco que los indujo a entrar en la escuela, y *una ambición
profana de obtener una educación superior* los ha inducido
a sacrificar la verdad... Hay muchos que están apiñando
demasiados estudios en un periodo de tiempo limitado...
Pero quisiera aconsejar que se restrinja la práctica de
aquellos métodos que hacen peligrar el alma y malogran el
propósito al cual se dedica tiempo y dinero. La educación
es una gran obra de toda la vida... Después que se ha
dedicado un período de tiempo al estudio, nadie aconseje a
los estudiantes a iniciar inmediatamente otro curso extenso
sino que debe aconsejárseles más bien que ingresen en la
obra para la cual se han estado preparando. Estimúleselos
a hacer uso de la educación ya obtenida. . . Aquellos que
están dirigiendo la obra de educación están colocando una
cantidad demasiado grande de estudios delante de aquellos
que han venido a Battle Creek para prepararse para la
obra del Maestro. Han supuesto que era necesario ir más
profundo y más profundo en las líneas educacionales; y a la
vez que persiguen varios cursos de estudios, años tras año
de tiempo valioso están siendo desperdiciados".

"El pensamiento que ha de ser recordado a los
alumnos es que el tiempo es corto, y que deben prepararse
rápidamente para hacer la obra que es esencial para este
tiempo... Entiéndase que con estas palabras no digo nada
que signifique despreciar la educación, sino que hablo para
amonestar a los que están en peligro de llevar a extremos
ilícitos lo que es lícito" (T. E., pp 105-146. Ver también
Consejos para los Maestros, p. 390-400).

LOS RESULTADOS DE SEGUIR ESTE PLAN de
educación está bien ilustrados por las experiencias de la
escuela de Battle Creek cuando estaba tratando firmemente
de seguir los cursos tradicionales que conducen a la

obtención de un título, los cuales la facultad esperaba que fueran vistos de manera favorable por el mundo. Las siguientes palabras muestran el peligro de recibir una educación tal: "El Espíritu Santo ha venido muchas veces a nuestras escuelas y no ha sido reconocido, sino que ha sido tratado como extraño, tal vez hasta como un intruso". "Vez tras vez el Mensajero celestial ha sido enviado a la escuela". "El gran Maestro mismo estaba entre vosotros. ¿Cómo le honrasteis? ¿Era él un extraño para algunos de los educadores?" (Elena White, *Consejos para os Maestros,* pp. 66, 349, 356).

Es con vergüenza y tristeza que nos sentimos compelidos a reconocer que nosotros los maestros estuvimos tan muertos, espiritualmente, al Maestro celestial como lo estaban los hombres escolásticos al mensaje del primer ángel antes de 1844. La principal objeción levantada contra el Espíritu Santo al instruir a los maestros concerniente la manera correcta de conducir la escuela en aquella época fue que esto sacaría a los estudiantes de su estudio regular y distorsionaría sus planes de terminar un curso y recibir un título.

Se envió mucha instrucciones a la escuela en relación con el tema de cursos extensos y rígidos, pero los maestros y los estudiantes de Battle Creek, en su mayoría, se alejaron de las instrucciones dada por los visitantes celestiales. Debemos recordar que la escuela de Battle Creek no había sido establecida en el lugar que el Espíritu había instruido. No siguió la pauta para su ubicación; ni siquiera intentó introducir y practicar las importantes reformas educativas reveladas por el Señor antes de 1844, pero estuvo contenta de obtener sus ideas, vida e inspiración de las escuelas de aquellas denominaciones religiosas que habían rechazado el mensaje del primer ángel.

Ya hemos leído que "las costumbres y prácticas de la escuela de Battle Creek van a todas las iglesias, y los latidos del corazón de esa escuela se sienten a través del cuerpo de creyentes". (T. E., p. 185). Por lo tanto, debemos concluir que como todas las iglesias y los creyentes estaban para esa época más o menos bajo la influencia de la escuela de Battle Creek, por lo menos un gran porcentaje de los Adventistas del Séptimo-día habrían tratado a los visitantes celestiales, si Él hubiera venido a ellos sugiriendo reformas, como los maestros y los estudiantes de la escuela de Battle Creek lo trataron. Tal vez, pues, podamos entender por qué Dios dijo: "Las escuelas que hemos de establecer en estos años finales de la obra deben ser de una orden totalmente diferente de las que ya hemos establecidos... Se me ha mostrado *que en nuestra obra educativa no debemos seguir los métodos que se han adoptados en nuestras escuela más antiguas.* Hay dentro de nosotros demasiado apego a las viejas costumbres, y a causa de esto estamos bien atrasados de donde debemos estar en la realización del mensaje del tercer ángel" (Elena White, *Madison School*, p. 29).

Los fundadores de la escuela de Battle Creek cometieron su error al no seguir el plan que les dio el Señor, sino que moldearon la escuela según las escuelas del mundo en derredor. En estos últimos días vendrá tu prueba. Tú no debes modelar tu escuela según las escuelas Adventistas del Séptimo-día establecidas más antiguas, sino que tú debes seguir el modelo divino. Si dejamos de entender este plan divino, no tendremos un lugar en la proclamación del Fuerte Clamor.

SE HACE UN LLAMADO A LA REFORMA – Los maestros de la escuela de Battle Creek recibieron esta palabra en aquel tiempo: "Una sucesión de raudales de aguas vivas ha caído sobre vosotros en Battle Creek. Cada lluvia fue una consagrada afluencia de la influencia divina; pero no lo reconocisteis como tal. En vez de beber copiosamente de los raudales de salvación tan gratuitamente ofrecidos por el

Espíritu Santo, os apartasteis a los desagües comunes y para satisfacer la sed de vuestra alma con las aguas contaminadas de la ciencia humana. Como resultado, ha habido corazones sedientos en la escuela y en la iglesia… *Pero espero que los maestros ya no hayan pasado la línea en donde se hayan dado a la dureza de corazón y a la ceguera de mente.* Si son visitados otra vez por el Espíritu Santo espero que no llamen a la rectitud pecado y al pecado rectitud. Los maestros necesitan convertirse de corazón. Es necesario que se realice en ellos *un sincero cambio de pensamientos y métodos de enseñanza* para colocarlos donde estarán en relación personal con un Salvador vivo… Dios se acercará a los estudiantes porque ellos fueron mal dirigidos por los educadores en quien pusieron su confianza". (T. E., pp 28, 29. Ver también *Consejos para los Maestros,* p. 344).

La instrucción que llegó a la escuela de Battle Creek por años muestra que durante todos estos años la institución no estaba asentada sobre muchos de los principios de la educación cristiana. Nació con ideas falsas sobre la educación en su constitución, y no se dio cuenta de su debilidad. Estaba bebiendo de corrientes más o menos contaminada con la sabiduría humana, pero no comprendía su peligro. Era una portadora de un germen educativo, y también falló en percatarse de esto. El testimonio directo que se le envió a la institución debe convencer a cualquier que crea en los testimonios que la escuela de Battle Creek tenía una gran necesidad de una reforma educativa.

LA ESCUELA DE BATTLE CREEK EMPRENDIÓ REFORMAS RADICALES no mucho después de que se enviarán estas palabras. Abandonó los cursos regulares de títulos, y a la vez enriqueció el currículum con un número de materias muy prácticas para el misionero Adventista del Séptimo día, y "la libertad en la elección de estudios se consideró como fundamental" (Boone, p. 197). Cada estudiante, con la ayuda de los maestros, seleccionaba aquellas clases que consideraba más esenciales para la obra de su vida. La facultad se dedicó con todas sus fuerzas a estos temas que habían sido descuidados y por los cuales Dios había estado llamando por tantos años. Cuando la escuela se separó de los cursos estereotipados y de los títulos, se halló a sí misma mucho más capacitada para seguir las instrucciones enviadas por el Señor, y los resultados fueron que en un período corto de tiempo la escuela de Battle Creek fue trasladada a una hermosa finca. Lo cual le daba una oportunidad de colocarse en la posición correcta, y luego esta notable declaración llegó: *"Es el comienzo de la reforma educativa"*. "Ninguna institución educativa se puede colocar a sí misma en oposición a los errores y la corrupciones de este degenerada generación sin recibir amenazas e insultos, pero el tiempo colocará una institución tal sobre una plataforma elevada" (Boletín de la Conferencia General, 1901, p. 454).

Este tema se ha tratado tan ampliamente porque algunos de ustedes los estudiantes se preguntan por qué nosotros no arreglamos los estudios en cursos que conduzcan a un título. Ustedes deben conocer su postura, y por qué tienen esa postura, y deben preguntarse: "Estoy yo siguiendo el plan instituido por la escuela de Battle Creek, el cual seriamente afectó a cada iglesia de la denominación, o estoy yo siguiendo aquel otro plan del cual el Señor dijo: "Este es el comienzo de la reforma educativa".

LOS TÍTULOS Y A LO QUE ELLOS CONDUCEN:
— Nos hemos referido a los títulos de manera indirecta, ya que ellos son la recompensa de los cursos tradicionales. Si no fuera por los títulos, sería imposible sujetar a los estudiantes a un curso prescrito. Sin embargo, el elemento más peligroso de conceder título parece no ser comprendido por esos educadores cristianos que se apegan

a la costumbre. Un título es una señal o sello de autoridad. En la iglesia cristiana "el conferir títulos se originó con el papa" como una señal de su autoridad sobre el sistema educativo. Hoy los títulos son conferidos por el Estado, y el estado no tiene el derecho de poner su sello a la obra de una institución a menos que pueda aprobar el sistema de educación ofrecido por esa escuela. El título es una señal de su aprobación. Cualquier escuela Adventista del Séptimo-día que conceda títulos por ese medio invita la inspección del Estado, y debe aceptar las normas del mundo y debe venir a la conformidad con el sistema mundano de educación. Pretendiendo conducir escuelas cristianas, no obstante buscamos así enseñar que podemos satisfacer al sistema mundano. En el futuro el Estado demandará conformidad absoluta a su sistema o rehusará conceder el título. Si estamos construyendo nuestra obra de tal manera que estimulamos a los estudiantes a buscar títulos, existe un gran peligro de que comprometamos la verdadera ciencia de la educación para retener el sello o la marca del Estado.

Los Adventistas del Séptimo-Día no somos ignorantes del hecho de que aún hoy el papado tiene el control prácticamente de toda educación, y dentro de poco esto será abiertamente reconocido. En esa época la inspección de nuestras escuelas que concedan títulos será realizada directamente por el papado, y el título, si es concedido, otra vez vendrá directamente de esa organización. Será un sello o una marca de la bestia. Los otros protestantes fallaron en esto. ¿Qué haremos nosotros los estudiantes Adventistas del Séptimo-día?

Un educador ha resumido el asunto total de los títulos como sigue: "Desde su primera introducción en la escuela, hasta que finalmente obtiene su título, los maestros, los padres, y amigos cercanos conspiran en sus esfuerzos por estimular al muchacho a sobrepasar a otro. Los hombres llevan títulos como las mujeres llevan sombreros finos, joyas en su cabello, aros en sus orejas y en sus dedos, y cintas festivas volando con la brisa. Consideren, por ejemplo, el valor ornamental de A. M., M.S., Ph. D., o el valor social de una combinación decorativa tan enorme como esta disfrutada por el Señor James Brown, A. M., Ph. D., LL. D., D.D. Cada uno de estos títulos cuesta tanto como un diamante de tamaño moderado, o una perla grande (no la Perla de gran precio), y es llevada prácticamente por las mismas razones. Necesariamente ellas no indican ninguna cosa. Juan Smith, sastre; Santiago Brown, herrero; El Señor Jones, agrimensor; son ejemplo de títulos que producen en la mente algo más que el mero efecto decorativo. Estos títulos indican el oficio o la profesión por la cual la persona se gana la vida".

A causa de que el título académico pone al que lo posee simplemente en una posición que lo distingue de aquellos que no poseen uno, y no es una indicación de poder para tener éxito, hombres mundanos que están construyendo una aristocracia educativa piensan que es necesario para protegerse a sí mismo limitar el poder de conferir grados académicos y sus títulos. Dicen: "Deben haber legislaturas que regulen la concesión de grados académicos." El siguiente extracto de un reporte firmado por un número de presidentes de las principales universidades que apareció en las columnas de revista Repaso Educativo: "El poder de conceder títulos no debe ser concedido a ninguna institución que tenga requisitos para admisión y para graduación menores que la norma mínima establecida por la comisión, o a ninguna institución cuyo dote productivo no sea igual al mínimo de $100,000.00. Esta ley es una ley estupenda, y debería ser adoptada por cada estado en la unión para que la educación de gatos silvestre desaparezca".

Usted se interesará en la siguiente declaración contenida en una carta, escrita por el Secretario de Educación de la denominación Adventista del Séptimo-Día en 1896, concerniente a una entrevista con la Sra. Elena White sobre este tópico: "Le expliqué a ella el significado de los títulos académicos y el significado al cual están atados, y el curso general de estudio que estaba implicado a los ojos de otros educadores, y su idea pareció ser de que no hay necesidad de que le prestemos atención a tales cosas; que lo que necesitamos hacer es educar para el servicio aquí y en el reino por venir; ya que el asunto con nuestro pueblo no es si un joven tiene un título, sino que si tiene una preparación que lo habilite para ser de bendición para otros en esta obra... Desearía sentirme perfectamente libre para arreglar la obra solo como pensé que sería lo mejor para los jóvenes y para la obra, sin estar atada por la idea de que usted debe continuar un curso de estudio de manera que usted pueda consistentemente conceder títulos".

El objetivo de nuestras escuelas debería ser preparar a los estudiantes a llevar el mensaje de la segunda venida de Cristo a todo el mundo, y de prepararlos para esto rápidamente. "La obra de Dios no está para esperar mientras sus siervos pasan por tal preparación elaborada maravillosamente como nuestras escuela están planeado dar" (T. E., p. 120. También *Fundamentals of Christian Education*, p. 44).

Esperamos que los Adventistas del Séptimo-día se salven a sí mismos de aquellas trampas que atraparon a las denominaciones Protestantes antes de 1844.

PRINCIPIOS EDUCATIVOS

Antes que llevemos el mensaje de la verdad presente en toda su plenitud a otros países, primero debemos romper cada yugo. *Debemos venir a la línea de la verdadera educación* caminando en la sabiduría de Dios, y no en la sabiduría del mundo. Dios está llamando por mensajeros que sean verdaderos reformadores. Debemos educar, educar, para preparar a un pueblo que entienda el mensaje, y den el mensaje al mundo" (Elena White, *Madison School*, p. 30). El objetivo de estos estudios ha sido ayudarte como estudiante a entender la instrucción del párrafo que acabado de leer, para que tú puedas evitar las trampas educativas, y para que tú puedas "venir a la línea de la verdadera educación", y puedas ser parte de los que llevarán el mensaje al mundo entero.

Brevemente repasaremos el tema y enumeraremos los principios educativos importantes como se encuentran en ambos sistemas. Mientras lo presentamos, determina tu actitud hacia cada uno de ellos, y al mismo tiempo indaga tus razones por tomar tal posición. Se te pide que hagas esto con la esperanza de que ello fortalecerá tu postura sobre asuntos educativos, y te ayudará a "venir a la línea de la verdadera educación", y de esta manera estés mejor preparado para llevar el mensaje de la pronta venida de Cristo. Lo hacemos con la esperanza de que tú puedas de manera más profunda sentir el significado de la declaración: "Ahora, como nunca antes, necesitamos entender la verdadera ciencia de la educación. Si dejamos de entender esto, nunca tendremos un lugar en el reino de Dios" (Elena White, *Mente, carácter y Personalidad*, p.53. 1897)

1. Los protestantes retienen a sus hijos en la iglesia cuando ellos reciben educación cristiana. Pierden a los hijos cuando ellos asisten a escuelas que tienen un sistema papal. Melanchthon dijo: "La religión no se puede sostener sin ellas (escuelas)".

2. El sistema papal de educación nunca es un modelo adecuado para las escuelas Protestantes. Lutero y Melanchthon reconocieron esto. En consecuencia ellos reformaron el sistema de escuela, cambiando el curriculum, los libros de texto, y los métodos de enseñanzas.

3. Algunas escuelas, cristiana en su forma, siguen el sistema papal, insertando un poco de Biblia, y sazonando el curso con teología protestante. John Sturn hizo esto. Y así han hecho algunas escuelas desde los días de Sturn.

4. Este sistema educativo de combinaciones – Papal y cristiano mezclado – siempre abre las puertas a controversias teológicas sobre nimiedades sin importancias, y se descuida al estudiante por la cacería de herejías, por perseguir la herejía. Esto siempre termina en una victoria del papado sobre el protestantismo.

5. El sistema papal de educación hace un altar a Moloc de las materias abstractas y lo adora en su santuario. Su fortaleza yace en la repetición de formas carentes de significado, y "un estudio muerto de palabras toma el lugar de un conocimiento vivo de cosas". Rellenar la mente y la memorización formal son los métodos exaltados por sus maestros. La rivalidad, la competencia, los premios y las recompensas

son estimulantes necesarios para "una instrucción compulsoria y mecánica de fórmulas ininteligibles", y sus cursos largos estereotipados terminan en títulos académicos, la señal o marca del sistema. Es la subyugación de las mentes humanas a la autoridad de alguien más alto, el ahogamiento del pensamiento libre por lo artificial, la supervisión en lugar de la autonomía. Aleja de la naturaleza, de la obra de la naturaleza y del Dios de la naturaleza, y se centraliza en las ciudades e instituciones hechas por el hombre. Esto es educación papal, y su recompensa es el título dado al final del curso tradicional.

6. Cada escuela es el latir del pulso de una organización – del estado, si es una escuela del estado; del papado si es una escuela papal; y de una iglesia cristiana si es una escuela cristiana. Cualquier sistema educativo que mecánicamente enseñe un curso estereotipado que conduzca a un grado académico, resultará con el tiempo en el desarrollo de un credo por la organización que la controla – un credo escrito, o tal vez consista sólo en la opiniones de aquellos en poder, pero de cualquier forma un credo, y cualquiera que no reconozca el poder de este credo es considerado irregular o independiente.

7. La educación Protestante permite al estudiante libertad en la elección de cursos. Esta libertad del curso estereotipado lleva fruto en una iglesia que hace provisión para las diferencias de opiniones sin el grito de *herejía*. Los cursos y los grados son elementos esenciales en un cartel religioso. Los carteles, por su misma naturaleza, no pueden usar a aquellos que cuestionan su autoridad, aquellos que difieren deben ser aplastados.

8. Existen dos sistemas de educación, uno es inspirado por la Palabra de Dios y uno por otra literatura. Las escuelas cristianas no solamente tienen clase de Biblia como parte de su currículum, sino que los principios bíblicos son la guía para la vida del estudiante, y el espíritu de la Biblia es lo que inspira a la escuela. Si los principios de la Biblia no son el cimiento de todas las asignaturas y la base de todas las enseñanzas, esa escuela, aunque cristiana de nombre, ha absorbido los principios del papado. En Oberlin, al romper con el sistema papal antes de 1844 se "restauró la Biblia a su lugar como un libro de texto permanente", y echó fuera a los autores paganos e infieles.

9. Todo sistema de educación que exalte la Biblia recibirá luz sobre el tema de la reforma pro salud, la sencillez del vestido, la vida de campo, etc. Oberlin, al prepararse para el Clamor de Medianoche antes del 1844, aceptó la luz sobre estos temas. Los estudiantes descartaron el uso de carne, tabaco, condimentos, té y café, pasteles suculentos, el pan caliente, usaban harina integral (Graham), descartaron los alimentos semilíquidos (gachas), las ropas costosas, las joyas, aceptaron la vida de campo como el hogar de Dios para el hombre, etc. Estas mismas reformas serán llevadas a cabo en su plenitud por aquellos que se estén preparando para dar el Fuerte Clamor.

10. Las escuelas cristiana están contenta con equipos y edificios modestos y sencillos, y sin embargo deben dar una verdad poderosa y grande. Las escuelas papales deben tener edificios grandes y equipos elaborados, pero se contentan con una verdad pequeña o adulterada. Jefferson y otros al lidiar con grande

verdades comprendieron la idea de edificios simples. El Fuerte Clamor será introducido por escuelas contentas con equipos y edificios sencillos, sin embargo estarán haciendo una gran obra.

11. La educación cristiana no se contenta sólo con aprender cosas en la mente. Lo que se estudia debe ser puesto en práctica. El trabajo manual es una parte de todo currículum de la escuela cristiana. El sistema papal se contenta con tener a sus estudiantes aprendiendo y reteniendo el conocimiento sin hacer ninguna aplicación práctica. Sus estudiantes están siempre aprendiendo, pero nunca a ser capaces de llegar al conocimiento de la verdad. El trabajo manual no es una parte esencial de su educación. Anterior al 1844 los reformadores de la educación establecieron muchas escuelas de entrenamiento manual donde a los estudiantes se les enseñaba agricultura, horticultura, jardinería, variados oficios, tales como herrería, carpintería, fabricación de tela, imprenta, ciencia doméstica, corte y confección de ropa, cómo cuidar al enfermo, etc. Ellos se estaban separando del papado, y estaban viniendo "a las líneas de la verdadera educación". Puesto que el Fuerte Clamor encontrará muchas escuelas que han llevado estas reformas más adelante, los resultados serán mayores.

12. Las escuelas de entrenamiento cristiano hacen provisión para la cultura física y el ejercicio saludable al proveer abundancia de trabajo útil. La educación papal hace poca provisión para el trabajo manual, por lo tanto el atletismo, los deportes, los juegos y los gimnasios se convierten en los sustitutos del plan de Dios para el ejercicio físico. Las escuelas que están preparando

estudiantes para el Fuerte Clamor deben completar la obra que ha sido iniciada.

13. La escuelas cristiana tienen como uno de sus objetivos más importantes entrenar a los estudiantes a ser autónomo, a tomar su lugar, no como dependiente y desvitalizados miembros de la iglesia, sino como obreros originales e independientes, bajo la dirección del Espíritu de Dios, todos cooperando en armonía con los principios divinos. El sistema papal no hace esfuerzos para entrenar a los estudiantes a tener autonomía porque un entrenamiento de esta naturaleza es fatal para la organización de la iglesia papal. La autonomía apareció como una parte integral de la reforma educativa anterior al 1844. ¿Está resurgiendo en tu escuela?

14. Cada misionero cristiano debe ser un productor emprendedor. En otras palabras, debe ser de sostén propio. Ningún movimiento religioso grande se puede iniciar, o llevar adelante con éxito, si no tiene un ejército de miembros laicos que sean misioneros de sostén propio activos. Las escuelas cristianas no tienen un objetivo más grande que el de entrenar tal ejército. Las escuelas papales deben evitar esto, porque es destructivo para su sistema de organización para controlar a los hombres. Las escuela cristianas antes de 1844 entendieron esta idea de entrenar misioneros para el Clamor de Medianoche. Los líderes de las iglesias suprimieron esta reforma. Las escuelas cristianas antes del Fuerte Clamor producirán un ejército de obreros de sostén propio.

15. Los lugares más necesitados del planeta están llamando por misioneros de sostén propio. Cuando la iglesia se

opuso al entrenamiento misionero de Oberlin y reusaron darle un lugar en la obra, miles de ellos se fueron a los indios, a los libertos, a los blancos montañeses, y a países extranjeros bajo la dirección de la Sociedad Misionera Americana, una organización creada por obreros de sostén propio.

16. Los maestros de Oberlin con la finalidad de hacer de su escuela un éxito, se sacrificaron duramente en el aspecto de su salario. A sus estudiantes se los estimulaba a ir a donde Dios llamaba, sin tanta preocupación por el asunto de la remuneración. Oberlin consideraba su deber como también su placer asistir a sus alumnos a encontrar el trabajo de su vida.

17. Los maestros de Oberlin acortaron el tiempo que los estudiantes pasaban en la escuela, e hicieron su estudio práctico al correlacionar la tarea escolar con las reformas que ellos deseaban que sus estudiantes aceptaran.

18. La oposición a Oberlin, mientras ella se encontraba en la línea de la verdadera educación, les trajo más partidarios y sus recursos, y además aumentó el número de sus estudiantes.

19. La oposición externa es un serio asunto para la las escuelas cristianas, pero con tal que la escuela se mantenga en "la línea de la verdadera educación", la oposición sólo fortalecerá la reforma. Sin embargo la oposición interna continua es destructiva. Fue la responsable de la caída de la reforma del siglo dieciséis, y arruinó el movimiento de 1844.

20. El espíritu de un padre es necesario para la prosperidad y el éxito continuo de las reformas educativas. Oberlin tuvo esta bendición en un grado marcado. Piensen en las ventajas de tener un maestro, fuerte como un reformador, en la facultad por cincuenta años.

Alumnos, ¿están ustedes haciendo todo lo que pueden hacer para traer a su escuela "a la línea de la verdadera educación?"

MATERIAS PRÁCTICAS PARA EL CURRÍCULUM

Los alumnos están en nuestras escuelas para recibir una preparación especial y familiarizarse con todos los ramos de trabajo manual, de modo que si tuvieran que ir como misioneros puedan valerse por sí mismos y ser aptos, merced a sus perfeccionadas aptitudes, para proporcionarse las comodidades y facilidades necesarias" (*Testimonios para la Iglesia*, Vol 6, p. 212). "Las clases deben ser generalmente pocas y bien seleccionadas, y aquellos que asisten a nuestras escuelas deben tener un preparación diferente que aquella de las escuelas comunes de hoy" (C. E., p. 47).

Además de aquellas asignaturas usualmente consideradas esenciales, tenemos las siguientes que nuestras escuelas deben enseñar, a fin de que los estudiantes, al salir de la institución, estén equipados no solamente para enseñarlas a otros, sino para que la usen para su propio sostén.

CONSTRUCCIÓN Y CARPINTERÍA – "Bajo la dirección de obreros de experiencia, carpinteros aptos para enseñar, pacientes y bondadosos; los mismos alumnos *deben levantar edificios* en los terrenos de la escuela... Así aprenderán, mediante lecciones prácticas, a construir de una manera económica" (*Testimonios para la Iglesia,* Vol. 6, p. 180).

AGRICULTURA: COSECHAS DE FRUTAS, JARDINERÍA – "El estudio en materia de agricultura debe ser el ABC de la educación en nuestras escuelas... Se deben plantar frutales pequeños y cultivarse flores y verduras... (Los estudiantes deben plantar) fragantes flores y árboles ornamentales" (*Testimonios para la Iglesia,* Vol. 6, p. 180, 183, 190).

VARIOS OFICIOS – "Se debieran establecer los recursos necesarios para enseñar a trabajar en herrería, pintura, zapatería, cocina, panadería, lavandería, reparaciones en general, mecanografía e imprenta. (*Testimonios para la Iglesia*, Vol. 6, p. 186).

ENFERMERÍA – "Un entrenamiento para la obra misionera médica es uno de los grandes objetivos para lo cual una escuela puede establecerse" (An Appeal for the Madison School).

DEBERES DOMÉSTICOS – "Los niños y las niñas deberían saber en qué consisten los deberes domésticos. Tender las camas, ordenar la pieza, lavar la loza, preparar la comida, lavar y remendar la ropa son actividades que, como educación, no menoscaban la virilidad de ningún muchacho... las niñas, a su vez, pudieran aprender a ensillar y conducir un caballo, manejar el serrucho y el martillo, lo mismo que el rastrillo y la azada" (*La Educación*, p. 216, 217).

COCINA Y COSTURA – "Debería haber habido maestros expertos para dar lecciones a las señoritas en el departamento culinario. Debiera haberse enseñado a las jóvenes a cortar, hacer y remendar ropa, a fin de educarse para los deberes prácticos de la vida" (*Consejos para los Maestros*, p. 275)

SOSTÉN PROPIO – Los Estudiantes "han estado aprendiendo a llegar a ser de sostén propio, y un entrenamiento más importante que este no se puede recibir" (Madison School, p. 33), "la lección del sostén propio, aprendida por el alumno, contribuirá en gran medida a preservar las instituciones de enseñanza de las deudas" (La Educación, p. 221).

TRABAJO MANUAL – Hay una ciencia en el trabajo manual que los educadores cristiano deben reconocer.

Desarrolla el cerebro como también desarrolla el cuerpo físico. Los científicos han descubierto que el desarrolla simétrico de la mente es imposible separado del entrenamiento físico, ya que por medio del uso de las manos se desarrolla un área importante del cerebro. De nuevo, un tiempo de dificultades está por delante de nosotros cuando aquellos que están en la "línea de la verdadera educación" no tendrán acceso a maquinarias tan comunes hoy, y mucho de lo que se hace ahora en factorías y talleres tendrá que ser hecho por necesidad a mano. Pero el éxito en esta como en toda reforma estará en proporción al amor personal por la causa. El educador que comentó, del entrenamiento manual como "educación de palo de azada" vino de una escuela cuya junta directiva había provisto facilidades para la enseñanza de agricultura y varios oficios, pero estas habían sido todas descuidadas. La actitud de ese maestro hizo que los estudiantes sintieran que estas asignaturas importantes fueran consideradas sólo como secundarias.

UN CAMBIO DE PROGRAMA NECESARIO – Muchas de las asignaturas del currículum, había dicho el Señor, no son esenciales y deben ser arrancadas. Estos estudios prácticos, dice Él, son esenciales, pero no pueden encontrar su lugar apropiado al lado de las asignaturas intelectuales hasta que el programa, seguido por años y adoptado por la vieja orden, sea radicalmente cambiado para satisfacer las nuevas demandas. Asimismo, es necesario hacer un número de reformas radicales antes que el programa pueda ser arreglado a fin de que le dé al estudiante la oportunidad de ganarse sus gastos escolares a la vez que estudia. "Necesitamos escuelas que sean de sostén propio, y esto puede ser si los maestros y los estudiantes son útiles, industriosos y económicos" (T. Jan. 24, 1907. También en Spalding and Magan Collection, p. 7)

ESCUELA DE UNA ORDEN NUEVA – "El plan de las escuelas que hemos de establecer en esto años finales de la obra deben ser de una orden totalmente diferente de las ya instituidas... Hay entre nosotros demasiado apego a las viejas costumbres; y *a causa de esto estamos muy atrás de donde debiéramos en el desarrollo del mensaje del tercer ángel*. A causa de que los hombres no comprendieron los propósitos de Dios en los planes puestos delante de nosotros para la educación de los obreros, se han seguido métodos en algunas de nuestras escuelas los cuales han retrasado la obra de Dios en lugar de haberla avanzado". (Madison School, p.29).

En la escuela con la nueva orden de cosas encontraremos que en adición a otros estudios "a los estudiantes se les ha enseñado a cosechar su propia cosecha, a construir sus propias casas... Han estado aprendiendo a ser de sostén propio y un entrenamiento más importante que este no se puede recibir. De esta manera han recibido una educación valiosa de utilidad en los campos misioneros".

"A esto se le añade el conocimiento de cómo tratar al enfermo y cómo cuidar al herido. Este entrenamiento para la obra médica misionera es uno de los grandes objetivos por lo cual se debe establecer una escuela. La obra educativa en la escuela y la del *sanitarium* pueden ir mana a mano. La instrucción dada en la escuela beneficiará a los pacientes, y la instrucción dada a los pacientes del *sanitarium* será una bendición para la escuela. La clase de educación dada... es tal que será contada como un tesoro de gran precio por aquellos que lleven la obra misionera a los campos extranjeros. Si muchos más estudiantes en otras escuelas estuvieran recibiendo un entrenamiento similar, nosotros como pueblo seríamos un espectáculo al universo, a los ángeles, y a los hombres. *El mensaje sería llevado rápidamente a todo país, y almas que ahora están en la oscuridad serían traídas a la luz".*

"Se está llegando el tiempo cuando el pueblo de Dios, a causa de la persecución, será esparcido en muchos países. Aquellos que hayan recibido una educación cabal tendrán una gran ventaja dondequiera que estén. El Señor ha revelado sabiduría divina al así dirigir a su pueblo para que entrene todas sus facultades y capacidades para la obra de diseminar la verdad... No tenemos tiempo que perder. Satanás pronto se levantará para crear obstáculos; dejemos que la obra avance mientras puede... Entonces la luz de la verdad será llevada de una manera simple y efectiva, *y una gran obra se logrará a favor del Maestro en periodo de tiempo corto...* Debemos aprender a estar contentos con alimentos y ropas simples, de modo tal que podamos ahorrar muchos recursos para invertirlos en la obra del evangelio." (Una Apelación por la Escuela de Madison).

HAY ESPERANZA – Es tu deber como estudiante procurar descubrir cuál es el plan de Dios para nuestras escuelas. Es mi deseo de que esta corta historia te capacite para entender mejor el tipo de educación que existía en nuestras escuelas más viejas para que puedas evitarla. Déjame apremiarte asimismo con el pensamiento de que tú debes buscar a Dios para que te ayude a guardarte de tener yugos mundanos de educación puestos sobre tu cuello, incluso hasta por tus maestros. Recuerda que Dios dijo estas palabras agudas a nosotros los maestros y a los estudiantes: "Estamos en peligro positivo de traer a nuestra obra educativa las costumbres y los modales que prevalecen en las escuelas del mundo " (Madison School, p. 28).

Hemos gastados años vagando por el desierto de educación mundana. Si nos hace falta fe y coraje para entrar en esta reforma, Dios levantará hombres que las hagan. Ya estamos enterados de educadores mundanos que miran con agrado el plan de educación que nos ha sido entregado. Por ejemplo, el actual Jefe de Educación de Estados Unidos, Doctor P. P. Claxton, como Horace Mann de antaño, simpatiza con el plan, y después de visitar un número de escuelas que están tratando de poner a funcionar estas reformas, él expresó a un gran número de maestros su aprecio al sistema de educación con las siguientes palabras:

"Desearía muchísimo que me fuera posible estar presente en la reunión de maestros y enfermeras de la escuelas de la colina que ustedes estarán teniendo esta semana. Estoy altamente interesado en la obra que estas escuelas están haciendo. La obra que ustedes están haciendo en Madison es extraordinaria y digna de admiración. Si ustedes tienen éxitos permanentes manteniendo la escuela sobre sus bases presentes, no puede fallar en cumplir una gran obra. El esfuerzo que ustedes están haciendo es altamente práctico, y me parece estar basada sobre principios fundamentales importantes de la educación. Lo mismo es cierto de las pequeñas escuelas que visité, y estaré vigilando su progreso con gran interés. Estoy seguro que ustedes tendrán éxito en alcanzar aquello que ustedes tienen en mente."

"Toda educación debe crecer basada en la vida de la gente educada. Ustedes y los maestros que ustedes están enviando afuera reconocen ampliamente este principio. Para educar a los niños, los padres necesitan también ser educados. Toda educación real debe incluir la educación de la comunidad completa, y debe dominar la vida que la gente vive, haciéndolos más inteligentes acerca de esa vida. Es difícil y prácticamente imposible lograr mejores condiciones de vida hasta que las condiciones de vida existentes sean entendidas."

¿Tendremos el espíritu de Josué y Caleb, y diremos: "Somos capaces, con la ayuda de Dios, de construir una escuela "en las líneas de la verdadera educación?" Es nuestro deber recordar la promesas de que nuestras escuelas "son prisioneras de esperanzas, y Dios las corregirá y las iluminará y las traerá de vuelta a su correcta posición de distinción del mundo". Si estamos dispuestos y somos obedientes Dios nos dará la victoria que necesitamos.

"Que ningún administrador, maestro o asistente retorne a su vieja costumbre de dejar que su influencia influya de manera negativa al plan mismo que el Señor ha presentado como el mejor plan para la educación moral y mental de nuestros jóvenes. El Señor está llamando a que se den pasos por adelantados" (R. H. Jan. 28, 1902).

"Maestros, confiad en Dios y avanzad. "Bástate mi gracia" (2 Cor. 12: 9), es la promesa del gran Maestro. Aprended la inspiración de las palabras, y nunca habléis con duda e incredulidad. Sed enérgicos. No hay servicio a medias en la religión pura y sin mancha." *(Consejos para los Maestros*, p. 345, 346). "Antes de que podamos llevar el mensaje de la verdad presente en toda su plenitud a otros países, primero debemos romper todo yugo. Debemos venir a la línea de la verdadera educación, caminando en la sabiduría de Dios y no en la sabiduría del mundo. Dios está llamando a mensajeros que sean verdaderos reformadores. Debemos educar, educar, para preparar a un pueblo que entienda el mensaje, y entonces den el mensaje al mundo." (*Madison School,* p. 30). "Ahora como nunca antes necesitamos entender la verdadera ciencia de la educación. Si dejamos de entender esto nunca tendremos un lugar en el reino de Dios."

www.ingramcontent.com/pod-product-compliance
Lightning Source LLC
Chambersburg PA
CBHW061146040426
42445CB00013B/1579